"十二五"职业教育国家规划立项教材
财政部规划中等职业学校财经商贸类教材

商品流通企业会计

（第二版）

梁浩彤　余国艳　主编

中国财经出版传媒集团
中国财政经济出版社

图书在版编目（CIP）数据

商品流通企业会计／梁浩彤，余国艳主编．--2版．--北京：中国财政经济出版社，2020.9（2024.1重印）

"十二五"职业教育国家规划立项教材　财政部规划中等职业学校财经商贸类教材

ISBN 978-7-5095-9973-0

Ⅰ.①商…　Ⅱ.①梁…②余…　Ⅲ.①商业会计-中等专业学校-教材　Ⅳ.①F715.51

中国版本图书馆CIP数据核字（2020）第151810号

责任编辑：樊　闽　　　　责任校对：李　丽

封面设计：育林华夏

中国财政经济出版社 出版

URL：http：//www.cfeph.cn

E-mail：cfeph@cfeph.cn

社址：北京市海淀区阜成路甲28号　邮政编码：100142

营销中心电话：010-88191537　北京财经书店电话：64033436　84041336

北京中兴印刷有限公司印刷　各地新华书店经销

787×1092毫米　16开　8.25印张　197 000字

2020年10月第2版　2024年1月北京第4次印刷

定价：23.00元

ISBN 978-7-5095-9973-0

（图书出现印装问题，本社负责调换）

本社质量投诉电话：010-88190744

打击盗版举报热线：010-88191661　QQ：2242791300

编写 说明

本书是“十二五”职业教育国家规划立项教材、财政部规划教材，作为全国中等职业学校财经商贸类专业教材使用。

在“加快发展现代职业教育”的指导思想下，全国中等职业教育的改革正进入一个新的发展阶段。职业教育是以服务为宗旨、以就业为导向、以能力为本位，培养符合市场需求的技能型人才作为教育的目标任务。鉴于中等职业学校的财经类毕业生就业需求，本教材正好作为方向性学习的补充。

本教材以我国颁布的《中华人民共和国会计法》《小企业会计准则》等有关法律法规为依据，紧密结合最新的会计专业课程标准及我国商品流通企业实际核算情况编写。

本教材体现三个特点：

1. 教材紧密结合社会实际运用，批发、零售企业分别采用不同模式编写。批发企业按购销存业务分类编写，零售企业按照销售业态分类编写，贴近企业实际经营情况。

2. 教材依据紧贴实际，以2013年施行的《小企业会计准则》为依据。根据工商总局统计，我国小型企业占企业总数的比例接近80%。本教材以小型商品流通企业经济业务为原点，以核心技能为要点，系统地介绍了商品流通企业特有的知识。

3. 教材力求从内容上体现中职教学的要求与特点，根据中职学生的认知规律，围绕培养目标，理论知识以够用为度。

本教材由梁浩彤、余国艳担任主编。第一单元由梁浩彤编写；第二单元由梁润茹和苏红梅编写；第三单元由梁浩彤、余国艳、陈哲聪、施晓君编写；第四单元由梁浩彤、卢景、扈坪坪编写。全书由梁浩彤总纂。

本书每单元之后都有单元练习。用书学校任课老师如果需要答案，请以电子邮件的形式索取（请注明学校、全书名、版次）：caijingjiaocai@ 163. com。

本书还制作了电子课件，任课老师若需要，请登录如下网址下载：http：//jiaocai. cfeph. cn 或 http：//cjjc. cfeph. cn。

内　　容	建议授课时数
第一单元　认识商品流通企业会计	4
第二单元　商品批发的会计处理	12
第三单元　商品零售的会计处理	12
第四单元　商品流通其他业务的会计处理	8
合　　计	36

本教材在编写过程中得到企业专业人士鼎力支持，在编写过程中参考和借鉴了相关资料，在此一并表示衷心的感谢。

由于水平所限，教材尚有不足之处，敬请使用者提出宝贵意见，以便日后修改和完善。

编　者

2020 年 6 月

目　录

1 第一单元 认识商品流通企业会计

学习目标：

- □ 理解商品流通的概念
- □ 理解商品流通企业会计学核算的进价核算法和售价核算法
- □ 熟悉商品流通企业会计的核算特点

任务一 认识商品流通与商品流通企业

一、商品流通

商品流通又称“商品流转”，是指商品流通企业通过经营活动，将制造商生产的商品从生产领域向消费领域转移的过程。现在商品流通的概念已有很大延伸，已从过去的行业的概念上升为产业的概念，并成为第三产业的基础产业和主导构成部分，包括交通运输业、邮电通信业、国内商业、对外贸易业、饮食业、物资供销业、仓储业等。

在商品流通过程中，需要不断地完成从商品到货币和从货币到商品的变化，这种变化涉及两个层面，一是商品通过购销活动而发生的价值形态变化和所有权的转移，这是商品的价值转换，又称“价值流”；二是商品实体在空间位置上的转移和在流通领域内的停滞，这是商品的实物转移，又称“实物流”。商品流通一般程序见图 1 - 1。

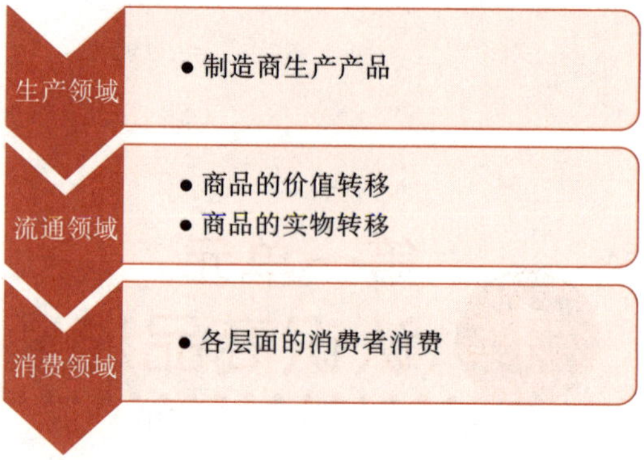

图 1－1　商品流通一般程序图

商品的流通过程，实际上是价值流和实物流的统一。

商品流通的渠道有直接渠道也有间接渠道。

• 直接渠道是：生产者—消费者，商品交换没有中间人介入，产销结合在一起，这时商品的生产者同时又是自己产品的经销者，中间没有形成任何商业环节。

• 间接渠道是：商品交换以商业为媒介进行，形成了产销分离的间接流通渠道，这种流通渠道主要由商业环节构成，中间需要经过几个商业环节则取决于商品流通形式的发达程度。

商品流通渠道体系见图 1－2。

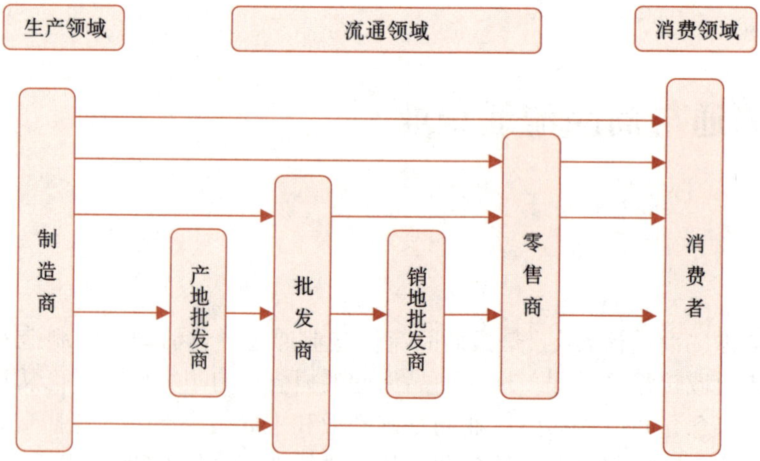

图 1－2　商品流通渠道体系

二、商品流通企业

商品流通企业，是指以独立形态参与商品流通、组织商品购销活动的，自主经营和自负盈亏的经济实体。商品流通企业的主要经济活动是组织商品流通，即商品的购进、销售、调拨和储存，将产品从生产领域转移到消费领域，以促进生产的发展和满足消费的需要，从而实现商品的价值并获得盈利。

（一）商品流通企业的分类

1. 按照商品购销模式分类

商品流通企业按照商品购销样式分类，可以分为批发企业和零售企业。

- 批发企业，是指批量从生产企业或其他企业购进商品，然后批量销售给其他企业继续流通或销售给其他生产企业进一步加工的商品流通企业。
- 零售企业，是指以批量向批发企业或生产企业购进商品，设有商品营业场所、柜台，直接面向最终消费者零售的商品流通企业。

2. 按照业态进行分类

商品流通企业按照业态分类，即按经营方式或商品销售方式进行的分类，零售企业可划分为百货商店、超级市场、便利店、专业店、专卖店、折扣店等。

（二）商品流通企业经济活动的特点

商品流通企业的主要经济活动是组织商品流通，即商品的购进、销售、调拨和储存。与工业企业相比，商品流通企业的主要特点是，其经营过程主要包括供应过程与销售过程，没有生产过程。其经济活动有三个特点：

第一，购进和销售是完成商品流通的关键业务，因此经营活动的主要内容是商品购进业务和销售业务。

第二，商品资产在企业全部资产中占有较大的比例，是企业资产管理的重点；商品流通企业没有加工环节，其资产除了必需的经营场所和基本设备外，无需生产设备等固定资产投资，商品等流动资产占企业资产的大部分。

第三，企业资金运动的轨迹是**货币—商品—货币**。由于商品流通企业的经营过程只有供应过程与销售过程，企业的资金随着企业购进、销售的过程也在不断地循环和周转，**货币—商品**即为购进过程，**商品—货币**即为销售过程。

任务二
熟悉商品流通企业会计核算的特点

一、商品流通企业会计核算的特点

1. 商品流通企业会计核算的核心内容是商品购销业务

由于商品流通企业的经济业务活动是组织商品从生产领域流转到消费领域，重点是商品流通过程中实际发生的经济业务事项，因此商品流通企业会计核算的重点是商品购销业务。

2. 商品采购成本不包括采购费用

采购商品是商品流通企业取得商品的主要途径，其采购成本由采购价格、进口关税和其他税金等构成。从事商品流通业务的纳税人购入存货抵达仓库前发生的运输费、装卸费、包装费、运输存储过程中的保险费、运输途中的合理损耗和入库前的挑选整理费等采购费用直接计入销售费用核算。

3. 不同类型的企业采用不同的商品核算方法

不同类型的商品流通企业有不同的特点，这决定了不同类型的企业适用不同的商品核算方法。一般情况下，批发企业根据商品批发流转的特点适宜采用**商品进价核算法**；零售企业根据商品零星流转的特点适宜采用**商品售价法核算**，但像超市这类零售企业由于有信息管理系统的支持，可以采用**单品进价金额核算法**。

二、商品购销的交接货方式和入账时间

商品购销的过程即商品所有权的转移过程，因此其入账时间应以商品所有权转移时间为依据。在实际工作中，由于款项结算和商品交接方式不一引发商品所有权转移的标志有所区别，因此入账时间应综合考虑交接货方式和结算方式。

（一）交接货方式

商品购销的交接货方式是购销双方根据商品销售的交接特点和运输条件协商决定，主要方式有提货制、送货制和发货制三种。

1. 提货制

提货制，又称“取货制”，是指购货单位指派专人到销货单位指定的仓库或地点提取并验收商品的一种商品交接方式。主要适用于同城现货交易的商品购销业务。

2. 送货制

送货制，是指销货单位将商品送到购货单位指定的仓库或地点，由购货单位验收入库的一种商品交接方式。主要适用于销货对象比较固定的商品购销业务。

3. 发货制

发货制，是指销货单位根据购销合同规定，将商品委托运输单位送到购货单位指定地点的一种商品交接方式。主要适用于异地商品购销业务。

（二）入账时间

商品购销的入账时间应以商品所有权转移的时间为依据，即商品购进以取得商品所有权的时间为入账时间，商品销售以失去商品所有权的时间为入账时间。

1. 商品购进的入账时间

购货单位取得商品所有权的表现形式主要有支付货款和收到商品。由于传递途径不一，支付货款和收到商品的时间可能是同步发生也可能是前后发生，不同情况其入账时间有所区别。

（1）货款先付、商品后到的情况下，以支付货款时间作为商品购进的入账时间。

（2）商品先到、货款后付的情况下，若是采用赊购的方式以收到商品的时间作为商品购进的入账时间；若是由于发票单据未收到而未付款，则在收到商品时暂不入账，是以支付款项的时间作为商品购进的入账时间。

（3）采用预付款方式的，由于预付货款尚未形成买卖双方实际的商品交易行为，因此预付货款的时间不能作为商品购进的入账时间，而应以收到商品的时间作为商品购进的入账时间。

2. 商品销售的入账时间

销货单位失去商品所有权的表现形式有发出商品、收到货款或取得收取货款的权利等，当商品销售符合商品销售收入实现的五个条件时，根据不同的交接货方式、结算方式，入账时间略有不同。

（1）采用现金、支票、汇兑等方式销售商品的，由于不存在购买方承付的问题，以商品办完发出手续为销售收入的入账时间。如采用提货制的，以开出销售发票并交到购货人手中的时间为销售入账时间；如采用送货制的，以发出商品并收到货款或取得收取货款凭证时间为销售入账时间。

（2）采用预收货款销售方式的，销售方发出商品即意味着满足了收入确认的条件，因此在这种销售方式下是以实际发出商品的时间作为销售入账时间。

（3）采用分期收款销售方式的，以合同约定的收款日期开出销售发票为销售收入的入账时间。

任务三
掌握库存商品的核算方法

商品流通企业的会计核算与其他行业企业会计核算的主要区别就是对企业已购进并验收入库等待销售的商品所进行的核算。

一、进价核算法

进价核算法，是指对库存商品购进、销售和储存一律按购进价格记账的一种核算方法。进价核算法又可分为进价金额核算法和数量进价金额核算法（见表 1－1）。

表 1－1　　进价核算法

	进价金额核算法	数量进价金额核算法
特点	库存商品总账和明细账一律以进价记账，平时只登记增加情况不登记减少情况，月终通过实地盘点倒挤出商品销售成本	库存商品的总账和明细账不但要按进价金额反映，明细账同时还进行数量和进价金额的核算；可以根据已销商品的数量按进价结转商品销售成本
优点	记账手续简便，工作量小	随时能掌握每种商品的进、销、存的数量和进价金额，有利于加强库存商品的管理和控制
缺点	平时不能反映商品进、销、存的数量，而且由于月末采用盘存计销的办法，将商品销售成本、商品损耗和差错事故混在一起，不易发现企业经营管理中存在的问题	每笔销售业务都必须填制凭证并逐笔登记明细账，工作量较大
适用范围	经营鲜活商品的零售企业	批发企业和可取得销售商品数量金额凭证的零售企业

二、售价核算法

售价核算法，是指对库存商品购进、销售和储存一律按销售价格记账的一种核算方法。

售价核算法又可分为售价金额核算法和数量售价金额核算法（见表1－2）。

表1－2　　售价核算法

	售价金额核算法	数量售价金额核算法
特点	库存商品总账和明细账一律以售价记账，平时只登记增加情况不登记减少情况；建立实物负责制，月终通过实地盘点倒挤出商品销售成本	库存商品的总账和明细账不但要按售价金额反映，明细账同时还进行数量和售价金额的核算
优点	按实物负责人设置明细账，简化记账工作；简化了销货手续	随时能掌握每种商品的进、销、存的数量和售价金额，便于加强对库存商品的管理和控制；也能严密管理和控制销售收入
缺点	账面不能反映商品进、销、存的数量，不便于确定商品溢缺和和货款长短的原因和责任	每笔进货既要复核进价又要计算与售价的差价，每笔销售业务填制凭证及登记明细账工作量较大
适用范围	除经营鲜活商品、贵重商品以外的零售企业	小型批发企业和部分专业性零售企业

单元知识要点

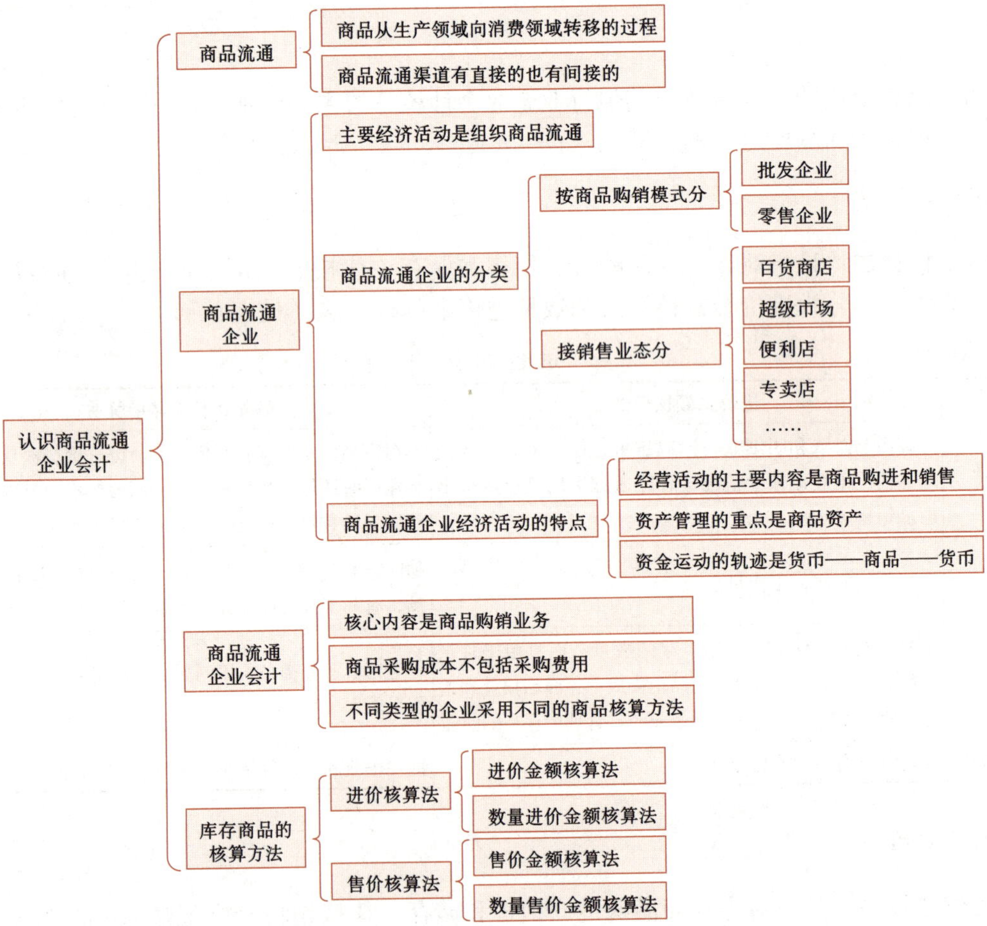

单元训练

一、单项选择题

1. 商品流通企业将商品送到购货单位指定的仓库或其他地点，由购货单位验收入库的方式是（　　）。

A. 送货制　　B. 提货制

C. 发货制　　D. 厂商就地保管制

2. 商品流通企业的经济活动是以组织（　　）为核心。

A. 商品购进　　B. 商品储存

C. 商品销售　　D. 商品流转

3. 同城商品购进，采用支票、银行本票等结算方式，商品购进的入账时间为（　　）。

A. 支付货款并取得提货证明的时间　　B. 收到商品的时间

C. 支付货款的时间　　D. 对方商品发出的时间

4. 开出销售发票并交付购货人时就可以进行销售账务处理的销售方式是（　　）。

A. 送货制　　B. 提货制

C. 预收货款销售　　D. 分期收款销售

5. 进价金额核算法适用于（　　）。

A. 专业性零售企业　　B. 批发企业

C. 经营鲜活商品的零售企业　　D. 综合性零售企业

二、多项选择题

1. 作为商品购进的入账时间有（　　）。

A. 付出货款的时间　　B. 收到商品的时间

C. 支付货款同时收到商品的时间　　D. 预付货款的时间

2. 作为商品销售的入账时间有（　　）。

A. 付出商品的时间

B. 付出商品同时收到货款的时间

C. 预收货款的时间

D. 付出商品并得到收取货款权利的时间

3. 售价金额核算适用于（　　）。

A. 专业性零售企业　　B. 批发企业

C. 经营鲜活商品的零售企业　　D. 综合性零售企业

4. 凡是不为销售而购进的商品，或者不是通过货币结算而收入的商品，都不属于商品购进的范围，下列不属于商品购进的是（　　）。

A. 收回加工的商品

B. 因企业并购而接受的商品

C. 为收取手续费替其他单位代购的商品

D. 购进供本单位自用的商品

5. 在商品购销业务活动中，商品的交接方式一般有（　　）。

A. 送货制　　B. 提货制

C. 发货制　　D. 厂商就地保管制

三、判断题

1. 向外单位购进专供本单位自用的商品也属于商品购进的范围。（　　）

2. 批发企业是指向生产企业或其他企业购进商品，供应给零售企业或其他企业用以转销的商品流通企业。（　　）

3. 在有些情况下，企业已将所有权凭证或实物转交给购货方，但商品所有权上的主要风险和报酬并未转移。（　　）

4. 采用预收货款结算方式的销售业务，其确认商品销售收入的入账时间是商品发出的时间。（　　）

5. 商品储存是指商品流通企业购进的商品在销售前停留在企业的状态。（　　）

第二单元
2 商品批发的会计处理

学习目标：

- ☐ 熟悉批发企业的商品购进、销售、储存的业务流程
- ☐ 熟悉批发企业的商品购进、销售、储存流程所涉及的主要原始凭证
- ☐ 掌握不同的购销形式及结算方下的批发企业购进、销售的会计核算
- ☐ 理解销售成本的计算和结转方法

任务一
购进商品的业务核算

任务描述

本部分的学习任务是：熟悉商品购进的流程和核算账户，正确判断购进业务的类型并准确核算。

知识准备

一、商品购进的一般流程

批发企业购进商品是商品流通的起点，根据购进地区不同，商品购进可分为本地购进和异地购进。由于经营范围和企业内部管理不同，企业购销业务流程会有所区别，但批发企业商品购进的环节还是基本相同的。

（一）本地购进的业务流程

本地购进业务的结算方式、交接方式、基本流程见表2－1。

表2－1

项目		内容
款项结算方式		支票、银行本票、委托收款、商业汇票等
商品交接方式		商品的交接方式多采用送货制或提货制
基本业务流程	送货制	（1）业务部门与供应商签订合同 （2）业务部门根据供应商提供的增值税专用发票，填制一式数联的收货单。其中，专用发票交财务部门，收货单交仓储部门 （3）仓储部门根据收货单验收商品，验收入库后，留下存根联并登记明细账，其余各联分别送往财务部门、业务部门等 （4）财务部门根据业务部门送交的增值税专用发票、仓储部门送交的收货单等办理货款结算及账务处理
	提货制	（1）业务员与供应商签订购货合同后，供应商开出增值税专用发票和提货单 （2）业务员交提货单给运输部门，运输部门前往供应商处提货，运输部门填写一式数联的收货单交仓库验收 （3）仓储部门根据收货单验收商品，验收入库后，留下存根联并登记明细账，其余各联分别送往财务部门、业务部门等 （4）财务部门根据业务部门送交的增值税专用发票、仓储部门送交的收货单等办理货款结算及账务处理

1. 送货制业务流程（图2－1）

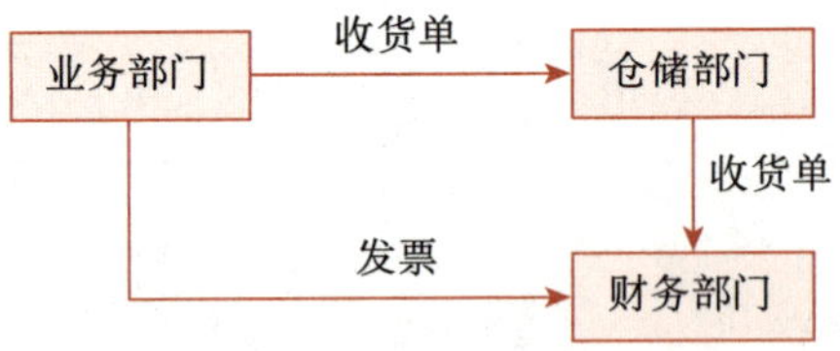

图2－1 送货制业务流程

2. 提货制业务流程（图2－2）

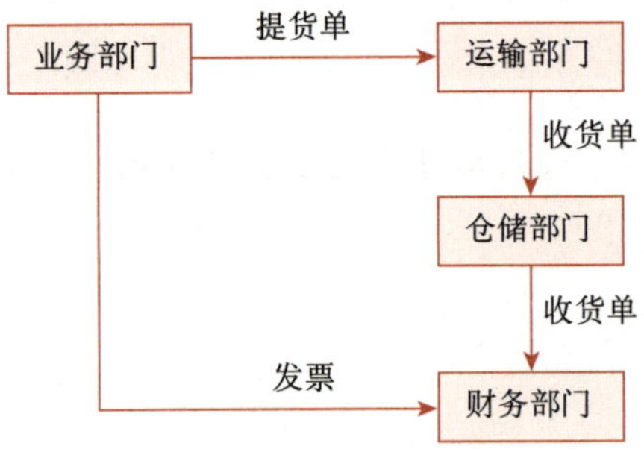

图2－2 提货制业务流程

（二）异地购进的业务程序

异地购进业务的结算方式、交接方式、基本流程如表2－2、图2－3所示。

表 2－2

项　目	内　　容
款项结算方式	汇兑、托收承付、银行汇票、委托收款、商业汇票等
商品交接方式	异地购进的商品的交接方式多采用发货制
基本业务流程	（1）业务部门签订购货合同 （2）财务部门收到开户银行传递的托收凭证、增值税专用发票，送交业务部门核对 （3）业务部门核对无误后托收凭证交回财务部门，并填写一式数联的收货单交仓库验收 （4）仓储部门根据收货单待商品到达后验收，验收入库后，留下存根联并登记明细账，其余各联分别送往财务部门、业务部门等 （5）业务部门根据托收凭证按期办理货款结算及账务处理

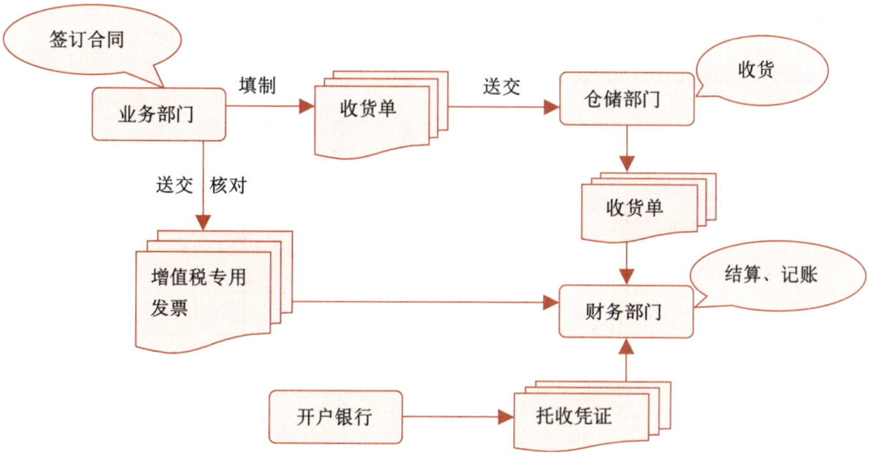

图 2－3　发货制业务流程图

二、商品购进业务应设置的账户

商品购进的核算有购进商品、验收入库、结算款项等业务，主要运用“在途物资”和“库存商品”等账户（见表 2－3）。

表 2－3

账户名称	账户核算内容及性质		账户结构
“在途物资”	核算内容	企业购入商品的采购成本	在途物资 借方：企业购入并已取得发票或已付款但尚未运抵商品的实际成本 贷方：验收入库的商品实际成本 余额：尚未运达的商品实际成本
	性质	资产类	
	明细账	按供应单位设置	
“库存商品”	核算内容	企业库存的自有商品的实际成本	库存商品 借方：企业验收入库、加工收回、盘盈、销货退回商品的实际成本 贷方：销售发出、加工付出、盘亏商品的实际成本 余额：库存商品的实际成本
	性质	资产类	
	明细账	按库存商品的类别和品名设置	

业务核算

业务1　本地购进

【业务描述】

一般情况下，本地购进业务中货款结算和商品验收入库可在同一天办理完毕，可直接通过“库存商品”账户核算。

【业务资料】

顺昌公司购入巧克力2 000千克，取得收货单（见表2－4）、购货发票（见表2－5）；开出银行转账支票（见表2－6）向销货方付款。

表2－4

收　货　单

2019年9月1日　　　　№：S0901

供应者：广州市新乐食品有限公司							发票号码：0987654321							
编号	商品（材料）名称	规格	送验数量	实收数量	单位	单价	金额							
							十	万	千	百	十	元	角	分
	果仁巧克力		2 000	2 000	千克									
备注			验收人签章		陈婉明		合计							

第三联：记账

会计：　　出纳：　　复核：　　记账：　　制单：程茜

表2－5

4402012345　　**广东增值税专用发票**　　№ 0987654321

发票联

开票日期 2019年09月01日

购买单位	名　　称：广州市顺昌贸易有限公司 纳税人识别号：440107766688999789 地 址 、电 话：广州市华东路37号　020-83574321 开户行及账号：建设银行花城支行　3344556677				密码区	（略）	
货物或应税劳务、服务名称	规格型号	单位	数　量	单　价	金　额	税率	税　额
果仁巧克力		千克	2 000	22.00	44 000.00	13%	5 720.00
合　　计					¥44 000.00		¥5 720.00
价税合计（大写）	⊗肆万玖仟柒佰贰拾圆整				（小写）¥ 49 720.00		
销售单位	名　　称：广州市新乐食品有限公司 纳税人识别号：440103456708765765 地 址 、电 话：广州市越华路68号　020-68754967 开户行及账号：建设银行越秀支行　2232425262				备注		

第三联：发票联　购货方记账凭证

收款人：王茜　　复核：冬兰　　开票人：魏国栋　　销售单位（章）

表 2－6

中国建设银行 转账支票存根 50255301 440111105	中国建设银行　转账支票　50255301　440111105
附加信息	出票日期（大写）贰零壹玖年 玖 月 零壹 日　付款行名称：中国建设银行花城支行
	收款人：广州新乐食品有限公司　出票人账号：3344556677
	付款期限自出票之日起十天
出票日期 2019 年 9 月 01 日	人民币（大写）肆万玖仟柒佰贰拾圆整　亿 千 百 十 万 千 百 十 元 角 分：¥ 4 9 7 2 0 0 0
收款人：广州市新乐食品有限公司	用途　货款　　密码
金额：¥ 49 720.00	上列款项请从我账户内支付　行号 108322445312
用途：货款	出票人签章　广州顺昌贸易有限公司财务专用章　沈婷印　　复核　　记账
单位主管 王海　会计 沈婷	

【业务分析】

顺昌公司从本地购入一批商品，收货单显示商品在当日已经验收入库，应通过“库存商品”核算，出纳员签发支票表示已支付款项。

【业务核算】

会计人员根据增值税专用发票、收货单、支票存根等进行账务处理（见表2－7）。

表 2－7

记 账 凭 证

2019 年 9 月 1 日　　记字第 1 号

摘要	总账科目	明细科目	借方亿	千	百	十	万	千	百	十	元	角	分	贷方亿	千	百	十	万	千	百	十	元	角	分	记账√
购入商品	库存商品	果仁巧克力					4	4	0	0	0	0	0												
	应交税费	应交增值税（进项税额）						5	7	2	0	0	0												
	银行存款																	4	9	7	2	0	0	0	
附件 3 张	合　计					¥	4	9	7	2	0	0	0				¥	4	9	7	2	0	0	0	

会计主管　　记账　　出纳　　审核　　制证：周鸿陵

业务 2　异地购进——单货同到

【业务描述】

异地购进商品一般是采用发货制的交接方式。发货后，商品由运输部门运送，供货单位的托收结算凭证由银行传递，因此商品与结算单据到达购货单位的时间未必一致，有可能两者同时到达企业（“单货同到”）；有可能结算单据先到而商品后到（“单先到货后到”）；也有可能商品先到而结算单据后到（“货先到单后到”）。

当购进的商品与结算单据同时到达企业时，企业根据取得的单据确定入账价值直接通过“库存商品”核算。

【业务资料】

9 月 12 日，顺昌公司从外地（深圳）购入商品一批，结算单据与货物同时到达。顺昌公司购入两种商品，发票注明梳打饼干 50 箱，单价 68 元，货款 3 400 元，税额 442 元；点心面 10 箱，单价 85 元，货款 850 元，税额 110.50 元。商品已验收入库，取得收货单。公司通过银行汇付款项 4 802.50 元，取得电汇回单。

【业务分析】

顺昌公司从外地购入商品，收货单显示商品在当日已经验收入库，出纳员也已通过银行汇付款项。

【业务核算】

会计人员根据取得的发票、电汇回单等进行账务处理（见表 2－8），为简化起见，以下全书以简易记账凭证呈现。

表 2－8

日期	业务摘要	账务处理	附件名称
9 月 12 日	购进商品已入库	借：库存商品——梳打饼干　3 400.00 　　　　　——点心面　850.00 　应交税费——应交增值税（进项税额）　552.50 　贷：银行存款　4 802.50	1. 购买发票 2. 电汇回单

业务 3　异地购进——单先到货后到

【业务描述】

单先到货后到的情况下，由于办理款项结算和验收入库不是同一时间，应分两个步骤处理：第一步，收到结算单据经与合同核对无误，办理款项结算时，会计人员根据购货发票、结算凭证借记“在途物资”“应交税费”等账户，贷记“银行存款”或“应付票据”等账户；第二步，商品到达企业验收入库时，会计人员根据收货单借记“库存商品”账户，贷记“在途物资”账户。

【业务资料】

9 月 12 日，顺昌贸易公司从外地（上海）购入商品一批，结算单据已收到，商品尚未收到。购货发票注明梳打饼干 50 箱，单价 68 元，货款 3 400 元，税额 442 元；支付运费 150 元，税额 13.50 元，取得运费发票（见表 2－9）。14 日通过银行汇款，取得电汇回单；16 日收到货物，取得收货单。

【业务分析】

顺昌公司从上海购入商品，出纳通过电汇方式支付款项，当天应进行购买商品的账务处理；所承担的运输费用，在商品流通企业中不能纳入采购成本核算；两天后商品验收入库再进行商品入库的账务处理。

表 2－9

440136213　　**广东增值税专用发票**　　№ 006332785

发票联

开票日期　2019 年 09 月 12 日

购买方	名　　称：广州市顺昌贸易有限公司 纳税人识别号：440107766688999789 地 址、电 话：广州市华东路 37 号　020-83574321 开户行及账号：中国建设银行广州市花城支行 3344556677				密码区	（略）		
货物或应税劳务、服务名称	规格型号	单位	数量	单价	金额	税率	税额	
运输费					150.00	9%	13.50	
合　　计					¥150.00		¥13.50	
价税合计（大写）	⊗壹佰陆拾叁圆伍角整				（小写）¥163.50			
销售方	名　　称：上海市顺丰有限公司 纳税人识别号：330030126045858858 地 址、电 话：天钥路 68 号　84820321 开户行及账号：工商银行徐汇支行　333663481				备注	上海市顺丰有限公司 330030126045858858 发票专用章		

收款人：陈琳　　复核：吴凡　　开票人：师洋　　销售方（章）

第三联：发票联　购买方记账凭证

说明：抵扣联略。

【业务核算】

会计人员根据增值税专用发票、运输发票、电汇回单、收货单进行账务处理，见表2－10。

表 2－10

日期	业务摘要	账务处理	附件名称
9 月 14 日	购进商品未入库	借：在途物资——上海市御榛有限公司　3 400 应交税费——应交增值税（进项税额）　442 贷：银行存款　3 842	1. 购买发票 2. 电汇回单
9 月 14 日	支付运输费用	借：销售费用　150.00 应交税费——应交增值税（进项税额）　13.50 贷：银行存款　163.50	运费发票
9 月 16 日	验收入库	借：库存商品——梳打饼干　3 400 贷：在途物资——上海市御榛有限公司　3 400	收货单

相关链接

自 2013 年 1 月 1 日起在小企业范围内施行的《小企业会计准则》第六章第六十五条规定：费用，是指小企业在日常生产经营活动中发生的、会导致所有者权益减少、与向所有者分配利润无关的经济利益的总流出。

小企业的费用包括：营业成本、税金及附加、销售费用、管理费用、财务费用等。

（1）营业成本，是指小企业所销售商品的成本和所提供劳务的成本。

（2）税金及附加，是指小企业开展日常生产经营活动应负担的消费税、城市维护建设税、资源税、土地增值税、城镇土地使用税、房产税、车船税、印花税和教育费附加、矿产资源补偿费、排污费等。

（3）销售费用，是指小企业在销售商品或提供劳务过程中发生的各种费用。包括：销售人员的职工薪酬、商品维修费、运输费、装卸费、包装费、保险费、广告费、业务宣传费、展览费等费用。

小企业（批发业、零售业）在购买商品过程中发生的费用（包括：运输费、装卸费、包装费、保险费、运输途中的合理损耗和入库前的挑选整理费等）也构成销售费用。

业务4 异地购进——货先到单后到

【业务描述】

货先到单后到的情况下，如商品到达并验收入库，但有关结算单据尚未收到，应根据不同情况区别处理。若发生在月初或月中可暂时不进行账务处理，待收到结算凭证进行款项结算时参照“单货同到”的方式处理。若发生在月末，结账时仍未收到结算单据，为了真实反映企业存货和债务情况，必须按暂估价借记“库存商品”、贷记“应付账款”估计入账，下月初用红字编制相同的会计分录冲回，待收到结算凭证进行款项结算时参照“单货同到”的方式处理。

【业务资料】

顺昌贸易公司8月份从外地购入商品一批，8月28日收到货物，经审核与购销合同一致，进货价6 000元，当日验收入库。9月5日收到托收承付付款通知（见表2－11）及增值税专用发票，发票注明坚果酥4箱，单价150元，金额6 000元，税额780元，经审核无误，承付全部货款。

表2－11

托收凭证 （付款通知） 5

委托日期 2019 年 9 月 5 日　　付款期限 年 月 日

业务类型	委托收款（□邮划、☑电划）		托收承付（□邮划、□电划）			
付款人	全称	广州市顺昌贸易有限公司	收款人	全称	福建省厦门市乐洋洋有限公司	
	账号	3344556677		账号	2131415161	
	地址	广东省广州市 开户行 建行花城支行		地址	福建省厦门 市县	开户行 中行海沧支行
金额	人民币（大写）陆仟柒佰捌拾圆整			亿千百十万千百十元角分	¥ 6 7 8 0 0 0	
款项内容	货款	托收凭据名称		附寄单证张数		
商品发运情况	已发运		合同名称号码			
备注： 复核　记账		款项收妥日期 年 月 日		收款人开户银行签章 中国建设银行股份有限公司花城支行 2019.09.05 办讫章（05） 年 月 日		

此联付款人开户银行给付款人按期付款通知

【业务分析】

顺昌公司 8 月 28 日从外地购入商品验收入库时，由于未收到结算凭证缺乏依据可暂时不进行账务处理，8 月 31 日月末结账时要准确反映库存情况，应根据收货单、购销合同估价入账，在 9 月 1 日红字冲回，待收到结算凭证再作购进的账务处理。

【业务核算】

会计人员根据收货单、增值税专用发票、托收承付付款通知进行账务处理，见表 2－12。

表 2－12

日期	业务摘要	账务处理	附件名称
8 月 28 日	商品验收入库，结算凭证未到	保管好收货单，暂不进行账务处理	
8 月 31 日	月末估价入账	借：库存商品——坚果酥　6 000 　贷：应付账款——暂估应付款　6 000	收货单
9 月 1 日	次月初红字冲销	借：库存商品——坚果酥　[6 000] 　贷：应付账款——暂估应付款　[6 000]	
9 月 5 日	承付货款	借：库存商品——坚果酥　6 000 　应交税费——应交增值税（进项税额）　780 　贷：银行存款　6 780	1. 购买发票 2. 托收承付付款通知

业务 5　预付货款购进

【业务描述】

当购买市场比较紧缺的商品或价值比较高的商品时，通常购销双方会事先签订合同并采用预付部分或全部货款的方式。此时，企业并没有取得所购商品的所有权，因此，只能通过“预付账款”核算，待收到购货发票及商品入库时才能进行购进商品的核算。

【业务资料】

顺昌公司与景宏有限公司 9 月 6 日签订购销合同，双方约定采用预付货款的方式购买节日限量版巧克力一批，货物总价值 10 万元；7 日，出纳员按照合同约定采用汇兑方式预付货款 5 万元；20 日，收到商品并全部验收入库，增值税专用发票上列明的货款为 10 万元，税额为 13 000 元；21 日，出纳员通过银行汇付余款。

【业务分析】

当顺昌公司签订合同时具体的经济行为还没有发生，不需要进行账务处理；预付货款时应通过“预付账款”进行核算；当收到商品时，为了准确反映债权债务及其结算情况，按实际应结算的总体价值通过“预付账款”核算。

【业务核算】

会计人员根据汇兑回单、增值税专用发票进行账务处理，见表 2－13。

表 2－13

日期	业务摘要	账务处理	附件名称
9 月 6 日	签订购销合同	不进行账务处理	
9 月 7 日	预付货款	借：预付账款　50 000 　贷：银行存款　50 000	汇兑回单
9 月 20 日	收到采购的商品	借：库存商品——巧克力（节日限量版）　100 000 　应交税费——应交增值税（进项税额）　13 000 　贷：预付账款　113 000	购买发票
9 月 21 日	补付余款	借：预付账款　67 000 　贷：银行存款　67 000	汇兑回单

特殊业务的核算

（一）溢余和短缺

当购进的商品运达企业后，相关部门和人员应检查实际收到的商品与购买数量是否相符。若出现实收数量大于或少于原购进数量，即为购进商品溢余或短缺，此时财会部门不仅要按实收数量核算入库的外购商品，还要反映溢余或短缺的商品，并及时查明原因进行处理。

1. 购进商品溢余和短缺发生的原因

购进商品发生溢余和短缺的原因有：（1）由于商品本身性能和自然条件发生变化而造成的商品升溢或损耗；（2）由于供货单位的工作差错造成多发或少发；（3）由于运输单位的失职而造成的丢失、毁损等。当购进商品发生溢余和短缺情况时，应由验收部门会同运输单位作出详细记录和鉴定证明，并编制“商品溢余（短缺）报告单”上报有关部门。

2. 购进商品发生溢余、短缺的核算账户

购进商品发生溢余、短缺，主要通过“待处理财产损溢”账户核算，详见表 2－14。

表 2－14

<table>
<tr><th>账户名称</th><th colspan="2">账户核算内容及性质</th><th>账户结构</th></tr>
<tr><td rowspan="3">待处理财产损溢</td><td>核算内容</td><td>核算企业在清查财产过程中查明的各种财产盘盈、盘亏和毁损的价值，以及采购商品在运输途中发生尚待查明原因的短缺或溢余</td><td rowspan="3">待处理财产损溢
借方：（1）短缺、毁损或盘亏数额
（2）批准处理的溢余转销数
贷方：（1）溢余或盘盈数额
（2）批准处理的短缺、毁损或盘亏转销数</td></tr>
<tr><td>性质</td><td>资产类</td></tr>
<tr><td>明细账</td><td>• 待处理流动资产损溢
• 待处理非流动资产损溢</td></tr>
</table>

3. 购进商品发生溢余、短缺的账务处理

（1）购进商品发生溢余，在未查明原因以前，先按商品实收数入库，并根据“商品溢余（短缺）报告单”将溢余商品先记入“待处理财产损溢——待处理流动资产损溢”账户；查明原因后，根据不同原因进行账务处理，处理方法详见表 2－15。

表 2－15

原　因		账务处理
运输途中的自然升溢		冲减销售费用
供货单位多发商品	补作购进处理	补付货款及进项税
	不同意补作购进	将多收商品退回供应商

业务 6　购进商品溢余

【业务资料】

9 月 7 日，顺昌公司从和园食品公司购进蜜糖 600 千克，单价 20 元，货款 12 000 元，增值税额 1 560 元。收到银行转来托收凭证，经审核无误，承付货款；10 日商品运到，经点验实收数量为 650 千克，溢余 50 千克，计价 1 000 元，原因待查；15 日，经查明原因，上项蜜糖溢余，属供货单位多发，经与对方联系，同意补作购进，货款已通过银行汇出。

【业务分析】

当收到商品时，尚未明确溢余原因，按实际收到数量验收入库并准确核算，溢余部分先通过“待处理财产损溢”核算，待查明原因再处理；当确认此为供应商多发商品现同意补作购进时，根据增值税专用发票补付货款及税款。

【业务核算】

会计人员根据托收凭证付款通知、增值税专用发票、收货单、商品溢余（短缺）报告单等进行账务处理，见表 2－16。

表 2－16

日期	业务摘要	账务处理			附件名称
9 月 7 日	支付货款	借：在途物资——和园食品公司	12 000		（1）托收凭证付款通知
		应交税费——应交增值税（进项税额）	1 560		
		贷：银行存款		13 560	（2）购买发票
9 月 10 日	收到商品	借：库存商品——蜜糖	13 000		（1）收货单
		贷：在途物资——和园食品公司		12 000	（2）商品溢余（短缺）报告单
		待处理财产损溢——待处理流动资产损溢		1 000	
9 月 15 日	收到采购的商品	借：待处理财产损溢——待处理流动资产损溢	1 000		购买发票
		应交税费——应交增值税（进项税额）	130		
		贷：银行存款		1 130	

（2）购进商品短缺的核算。购进商品的短缺在未查明原因以前，先按商品实收数入库，

并根据“商品溢余（短缺）报告单”将短缺商品记入“待处理财产损溢——待处理流动资产损溢”账户；查明原因后，根据不同原因进行会计处理。具体处理见表2-17。

表2-17

原因		账务处理
运输途中的自然损耗		销售费用
供应商少发		由供应商补发商品或退款
责任事故	由运输单位或责任人赔偿	其他应收款
	由企业承担的非正常损失	营业外支出

业务7 购进商品短缺

【业务资料】

假设业务6中顺昌公司从和园食品公司购进的蜜糖在10日商品运到时，经点验实收数量为590千克，短缺10千克，原因待查。15日，经查明原因，短缺为明华运输公司责任，明华运输公司同意赔偿。

【业务分析】

当收到商品时，按实际收到数量验收入库，短缺部分借记“待处理财产损溢”；当查明应由明华运输公司赔偿时，该部分损失商品应负担的进项税额为26元，也应由运输公司赔偿。

【业务核算】

会计人员根据托收凭证付款通知、增值税专用发票、收货单、商品溢余（短缺）报告单等进行账务处理，见表2-18。

表2-18

日期	业务摘要	账务处理	附件名称
9月7日	支付货款	借：在途物资——和园食品公司 12 000 应交税费——应交增值税（进项税额） 1 560 贷：银行存款 13 560	（1）托收凭证付款通知 （2）购买发票
9月10日	收到商品	借：库存商品——蜜糖 11 800 待处理财产损溢——待处理流动资产损溢 200 贷：在途物资——和园食品公司 12 000	（1）收货单 （2）商品溢余（短缺）报告单
9月15日	确认由运输公司赔偿	借：其他应收款——明华运输公司 226 贷：待处理财产损溢——待处理流动资产损溢 200 应交税费——应交增值税（进项税额转出） 26	商品溢余（短缺）报告单

（二）进货退出

企业购进商品，在已承付货款并验收入库以后，发现商品的规格、品种、质量与合同不符，在征得供货商的同意后，可以作为进货退出处理，进货退出业务流程如图2-4所示。

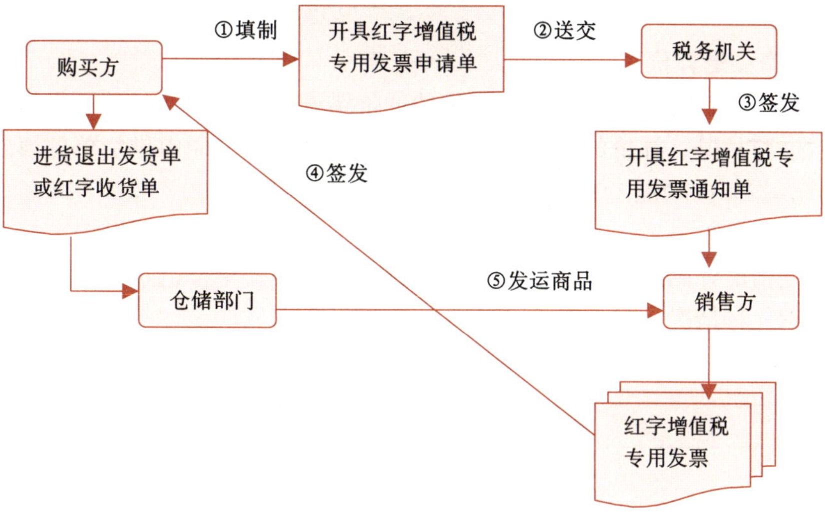

图 2－4　进货退出业务流程图

业务 8　进货退出

【业务资料】

顺昌公司 9 月 11 日从鸿宇食品有限公司购入开口杏仁 5 箱，单价 168 元，货款 8 400 元，增值税额 1 092 元；货税款已签发支票支付，商品按整箱验收入库；18 日拆箱时发现该批商品与合同规定不符，经与鸿宇食品有限公司联系，同意作退货处理，向税务机关递交“开具红字增值税专用发票申请”，取得主管税务机关出具的“开具红字增值税专用发票通知单”；20 日收到鸿宇食品有限公司退回的货款和增值税红字发票，顺昌公司也已办理商品退运。

【业务分析】

18 日与供应商联系退货并向税务机关申请开具红字专用发票时，由于未有实质的经济行为，不作账务处理；当发出退货商品或收到退款时才进行账务处理。

【业务核算】

会计人员根据增值税专用发票、支票存根、进货退出发货单等进行账务处理，见表 2－19。

表 2－19

日期	业务摘要	账务处理			附件名称
9 月 11 日	支付货款	借：库存商品——开口杏仁 　　应交税费——应交增值税（进项税额） 　　贷：银行存款	8 400 1 092 	 9 492	（1）购买发票 （2）支票存根
9 月 18 日	确认退货	填写《开具红字增值税专用发票申请书》，不进行账务处理			
9 月 20 日	确认由运输公司赔偿	借：银行存款 　　贷：应交税费——应交增值税（进项税额） 　　　　库存商品——开口杏仁	9 492 	 1 092 8 400	（1）购买发票（红字） （2）进货退出发货单

说明：红字增值税专用发票中的税额在应交增值税明细账借方进项税额栏内用红字登记。

（三）购进商品退补价

企业购进商品，有时会出现因供货单位的计价错误等原因，商品的进价与实际进价发生差异，引发购进商品退、补价的业务。如发生退价或补价时，应由供货单位填制专用发票及“销货更正单”，据以办理退、补价手续。

1. 进货退价

进货退价是指应计的进价低于已结算的进价，应由供货单位退还差价款给进货单位。在处理上，应区别三种情况，具体见表2－20。

表2－20

原　因		账务处理
商品尚未售出		冲减“库存商品”
商品已售出	但尚未结转商品销售成本	冲减“库存商品”
	已结转商品销售成本	冲减“主营业务成本”

2. 进货补价

进货补价是指应计的进价高于已结算的进价，应由购货单位补付货款给供货单位。在处理上，也应区别三种情况，具体见表2－21。

表2－21

原　因		账务处理
商品尚未售出		增加“库存商品”
商品已售出	但尚未结转商品销售成本	增加“库存商品”
	已结转商品销售成本	增加“主营业务成本”

（四）购进商品拒付货款和拒收商品

企业在验收购进商品和承付货款时，若发现发票或商品与购销合同不符，可以部分或全部拒付货款、部分或全部拒收商品。拒付货款和拒收商品应根据不同情况分别处理，具体见表2－22。

表2－22

结算情况	账务处理
货款未付	当企业收到银行转来的托收凭证等单据时，若发现商品的品种、规格等与合同不符，可在规定时间内向银行提出拒绝承付，拒付部分或全部货款，此时无需进行账务处理。至于拒付货款的商品则要替供货单位暂时保管，由于暂管商品不是企业资产，也无需进行账务处理
货款已付	当企业承付货款后才收到商品，在验收时发现商品与合同不符的，可以部分或全部拒收商品。对于拒收部分的商品通过“应收账款”账户核算，然后参考进货退出的流程申请红字增值税专用发票，待收到红字专用发票和退款才冲销“应收账款”、拒收部分商品应承担的进项税额，同时注销代管商品的记录

任务二
销售商品的业务核算

任务描述

本部分的学习任务是：熟悉商品销售的流程和核算账户，能判断销售业务的类型并进行正确核算。

知识准备

一、商品销售的一般流程

批发商品销售是商业企业的重要环节，销售业务主要包括发出商品和结算货款两个方面。根据商品的销售地区不同，商品销售可分为同城销售和异地销售。批发商品销售的业务程序也与商品交接方式及货款结算方式有所区别，但是批发企业商品销售的基本环节还是大致相同的。

（一）同城销售商品的业务程序

同城商品销售业务是指将商品销售给同城的批发企业、生产企业或零售企业，其结算方式、交接方式、基本流程等内容见表2－23和图2－5。

表2－23　　同城商品销售基本内容

商品交接方式	送货制、提货制
货款结算方式	支票、银行本票、委托收款、商业汇票、信用卡
基本业务流程	（1）销货单位业务部门根据购货单位采购及选定的商品，开具一式三联（发票、抵扣、记账）的“增值税专用发票”和内部使用的一式多联的“批发商品发货单”，留下“发货单”存根联，专用发票和其余联次的发货单一并交给购货单位采购员，凭以到销货单位财务部门缴款和到仓库提货 （2）销货单位财务部门收妥货款后，留下专用发票记账联和发货单商品记账联，凭以进行账务处理和登记商品账 （3）仓库发货后留下发货单提货联凭以登记商品实物保管账

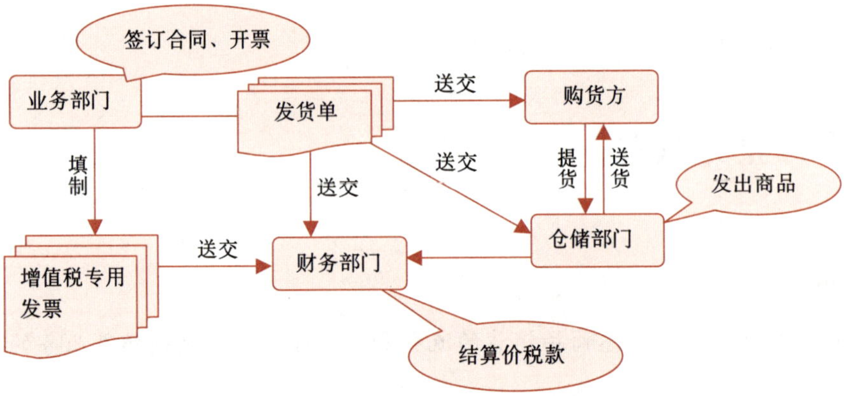

图 2－5　同城商品销售业务流程图

（二）异地销售商品的业务程序

异地商品销售业务是将商品销售给其他地区的批发企业、生产企业或零售企业，其结算方式、交接方式、基本流程等内容见表 2－24 和图 2－6。

表 2－24　　异地商品销售基本内容

商品交接方式	发货制
货款结算方式	托收承付、银行汇票、商业汇票、汇兑
基本业务流程	（1）业务部门根据合同或协议商定的商品品种、规格、数量、单价等，开具一式三联的增值税专用发票和配合使用的一式多联“批发商品发货单”，留下发货单“存根联”，其余送储运部门，据以向仓库提货和向运输单位办理托运手续 （2）仓库发货后，留下发货单“提货联”作为商品出库和登记商品保管账的依据，发货单“随货同行联”交运输单位随货同行 （3）专用发票的“记账联”“发票联”和“抵扣联”在商品发运后连同“运单”副本一并送财会部门，据以填制托收结算凭证，向银行办理托收货款手续 （4）若发运商品时代购货单位垫付了运杂费，可将垫付运杂费清单和托收凭证一并委托银行向购货单位收取 （5）办妥委托收款手续并取得银行回单时，财会部门即可根据专用发票的“记账联”、委托收款回单确认商品销售收入入账

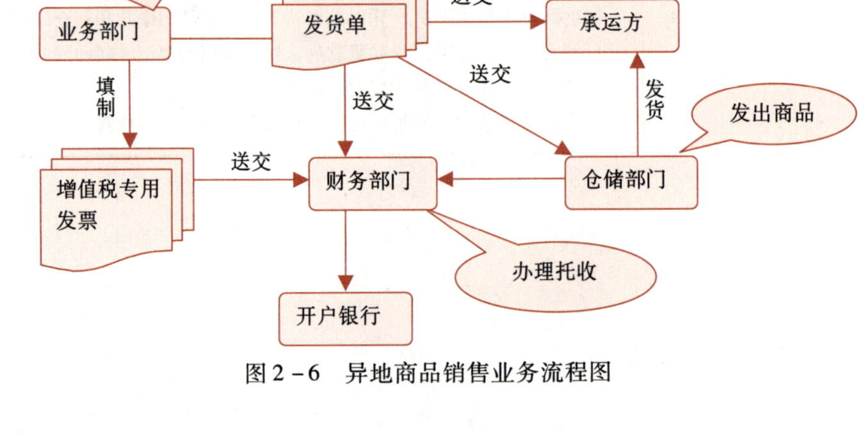

图 2－6　异地商品销售业务流程图

二、商品销售业务应设置的账户

商品销售的核算主要有销售商品、结算款项、结转销售成本的业务，主要运用“主营业务收入”“主营业务成本”等账户（见表 2－25）。

表 2－25

账户名称	账户核算内容及性质		账户结构	
主营业务收入	核算内容	企业销售商品产生的收入	主营业务收入	
			登记期末结转到本年利润中的数额	登记符合收入确认条件，被确认为本期实现的商品销售收入
	性质	损益类		
	明细账	按商品种类设置		
主要业务成本	核算内容	企业因销售商品而发生的实际成本	主营业务成本	
			登记结转商品销售成本的数额	登记期末结转到本年利润中的数额
	性质	损益类		

一般销售业务核算

业务 9　同城销售

【业务描述】

一般情况下，同城销售业务中货款结算和商品发出可在同一天办理完毕，可以被确认为本期实现的收入，通过“主营业务收入”账户核算。

【业务资料】

顺昌公司在本地销售果仁巧克力 1 000 千克，开出增值税专用发票，发货单，商品已发出，货款已收到购货方的转账支票（相关凭证见表 2－26 至表 2－29）。

表 2－26

4402012345　　广东增值税专用发票　　№ 0987654301

此联不作报销、扣款凭证使用　　开票日期 2019 年 10 月 08 日

购买方	名　　称：广州市汇佳商场 纳税人识别号：440102233550077123 地 址 、电 话：广州市文明路 33 号　020－83576824 开户行及账号：建设银行沿江支行　6629583400			密码区	（略）		
货物或应税劳务、服务名称	规格型号	单位	数 量	单 价	金　额	税率	税　额
果仁巧克力		千克	1 000	29.00	29 000.00	13%	3 770.00
合　　计					¥29 000 .00		¥3 770.00
价税合计（大写）	⊗叁万贰仟柒佰柒拾圆整				（小写）¥32 770.00		
销售方	名　　称：广州市顺昌贸易有限公司 纳税人识别号：440107766688999789 地 址 、电 话：广州市华东路 37 号　020－83574321 开户行及账号：建设银行花城支行　3344556677			备注			

第一联：记账联　销售方记账凭证

收款人：王宁　　复核：何芳　　开票人：刘清　　销售方（章）

表 2－27

发　货　单

2019 年 10 月 8 日　　　　№：S0901

购货者：广州市汇佳商场							发票号码：0987654301							
编号	商品（材料）名称	规格	送验数量	实收数量	单位	单价	金额							
							十	万	千	百	十	元	角	分
	果仁巧克力		1 000	1 000	千克									
备注			验收人签章		陈欣明		合计							

会计：　　出纳：　　复核：　　记账：　　制单：马跃

第一联：存根

表 2－28

中国建设银行 **转账支票**　　60211343　44022106

出票日期（大写）贰零壹玖年零壹拾月零捌日　付款行名称：中国建设银行沿江支行

收款人：广州市顺昌贸易有限公司　出票人账号：6629583400

人民币（大写）	叁万贰仟柒佰柒拾圆整	亿	千	百	十	万	千	百	十	元	角	分
					¥	3	2	7	7	0	0	0

用途　货款　　　密码

上列款项请从我账户内支付　　行号 108344567898

出票人签章　广州市汇佳商场财务专用章　马力　　复核　　记账

付款期限自出票之日起十天

表 2－29

中国建设银行 **进账单**（回单）

2019 年 10 月 08 日

出票人	全称	广州市汇佳商场	收款人	全称	广州市顺昌贸易有限公司
	账号	6629583400		账号	3344556677
	开户银行	建设银行沿江支行		开户银行	建设银行花城支行

金额	人民币（大写）叁万贰仟柒佰柒拾圆整	亿	千	百	十	万	千	百	十	元	角	分
					¥	3	2	7	7	0	0	0

票据种类	转账	票据张数	壹
票据号码	60211343		

复核　　记账　　　开户银行签章

中国建设银行股份有限公司花城支行 2019.10.08 办讫章（03）

此联是收款人开户银行交给持（出）票人的回单

【业务分析】

顺昌公司同城销售商品一批，当日发货，收到购货方的转账支票，出纳员已送存银行，应根据专用发票金额记入“银行存款”，同时按价款确认商品销售收入，按税额确认增值税销项税额。

【业务核算】

会计人员是根据增值税专用发票、发货单、银行进账单进行账务处理，见表2－30。

表2－30

日期	业务摘要	账务处理	附件名称
10月8日	销售商品收到货款	借：银行存款　32 770 　贷：主营业务收入　29 000 　　应交税费——应交增值税（销项税额）　3 770	1. 销售发票 2. 银行进账单

提示：由于批发企业每天销售的商品不仅数量多、品种规格复杂，而且要开出大量的发票，在本地销售中，货款结算除主要采用“转账支票”以外，也有现金结算、票据结算等。因此，不可能按销货发票逐笔记账，一般多采用每日终了根据销货发票和结算单据汇编“批发商品销售日报表”集中进行核算。这样处理，不仅能简化核算手续，而且能在汇总核算中及时发现差错，查找原因，妥善处理。“销售日报表格式”见表2－31。

表2－31　　批发商品销售日报表

部门：　　　　年　　月　　日　　　　金额单位：元

业务内容	金额	附单据张数	收款结算	金额	附单据张数	备注
昨日现款			现金			
1. 销售收入			支票			
其中：A类			办理托收			
B类			内部转账			
2. 包装物押金			……			
3. 销售包装物						
4. 销项税额			次日现款			
合计						

会计：　　　　审核：　　　　收款员：

业务10　异地销售——发货制

【业务描述】

异地销售商品一般采用发货制的交接方式，企业发货后，商品由运输部门运送，同时企业到银行办理托收款项的手续。这时尽管发出商品与款项的实际取得未必一致，但仍可确认商品销售收入实现。

【业务资料】

10月11日，顺昌公司向龙兴商场销售梳打饼干400箱，单价88元，价款35 200元，税额4 576元；点心面50箱，单价100元，价款5 000元，税额650元；开出增值税专用发票，向运输部门发出商品，开出支票代垫运费 1 500 元，收到运输发票，并到银行办理托收手续（见表 2－32）。10 月 13 日，银行通知款项收妥。

表 2－32

托收凭证 （回单） 1

委托日期 2019 年 10 月 11 日　　付款期限 年 月 日

<table>
<tr><td>业务类型</td><td colspan="7">委托收款（□邮划、☑电划）　托收承付（□邮划、□电划）</td></tr>
<tr><td rowspan="3">付款人</td><td>全称</td><td colspan="2">东莞龙兴商场</td><td rowspan="3">收款人</td><td>全 称</td><td colspan="2">广州市顺昌贸易有限公司</td></tr>
<tr><td>账号</td><td colspan="2">765432100</td><td>账 号</td><td colspan="2">3344556677</td></tr>
<tr><td>地址</td><td>广东省东莞市　开户行</td><td>建行东莞支行</td><td>地 址</td><td>广东省广州市　开户行</td><td>建行花城支行</td></tr>
<tr><td>金额</td><td colspan="5">人民币（大写）肆万陆仟玖佰贰拾陆元整</td><td colspan="2">亿 千 百 十 万 千 百 十 元 角 分
¥ 4 6 9 2 6 0 0</td></tr>
<tr><td>款项内容</td><td colspan="2">货款</td><td colspan="2">托收凭据名称</td><td></td><td>附寄单证张数</td><td></td></tr>
<tr><td colspan="2">商品发运情况</td><td colspan="2">已发运</td><td colspan="2">合同名称号码</td><td colspan="2"></td></tr>
<tr><td colspan="3">备注：
复核　　记账</td><td colspan="3">款项收妥日期
年 月 日</td><td colspan="2">收款人开户银行签章
中国建设银行股份有限公司花城支行 2019.10.11 办讫章 (03)
年 月 日</td></tr>
</table>

此联付款人开户银行给付款人按期付款通知

【业务分析】

根据以上原始凭证分析，顺昌公司向外地销售商品一批，货物发出并办理了托收手续，这时办妥了托收而货款未收的，记入“应收账款”核算，同时按价款确认商品销售收入，按税额确认增值税销项税额，对于代垫的运费，一方面借记“应收账款”，另一方面贷记“银行存款”。

【业务核算】

会计人员是根据增值税专用发票、发货单、托收凭证、运输发票进行账务处理（表 2－33）。

表 2－33

日期	业务摘要	会计分录			附件名称
10 月 11 日	销售商品收到货款	借：应收账款——龙兴商场	46 926		1. 购买发票 2. 托收凭证
		贷：主营业务收入——梳打饼干		35 200	
		——点心面		5 000	
		应交税费——应交增值税（销项税额）		5 226	
		银行存款		1 500	
10 月 13 日	款项收妥	借：银行存款	46 926		托收凭证收账通知
		贷：应收账款——龙兴商场		46 926	

想一想

销货单位在销售商品时发生了运费，如果是由销货方自己负担的，那又应怎样核算呢？

业务11　异地销售——提货制

【业务资料】

10月13日，顺昌公司向丽都商场销售梳打饼干300箱，单价88元，价款26 400元，税额3 432元；果仁巧克力200千克，单价29元，价款5 800元，税额754元，开出增值税专用发票，根据合同约定，货物由购货方自提，货款采用商业汇票方式结算。收到承兑期为1个月、金额36 386元的商业汇票一张，11月13日汇票到期，如数收回货款。

【业务分析】

根据以上原始凭证分析，顺昌公司向外地销售商品，货物由购货方自提，货款采用商业汇票方式结算，应记入"应收票据"核算，同时按价款确认商品销售收入，按税额确认增值税销项税额，当票据到期收回货款，借记"银行存款"，贷记"应收票据"。

【业务核算】

会计人员是根据增值税专用发票、发货单、商业汇票进行账务处理（见表2-34）。

表2-34

日期	业务摘要	账务处理			附件名称
10月13日	销售商品收到货款	借：应收票据——丽都商场	36 386		1. 销售发票 2. 商业汇票
		贷：主营业务收入——梳打饼干		26 400	
		——果仁巧克力		5 800	
		应交税费——应交增值税（销项税额）		4 186	
11月13日	汇票到期收回款项	借：银行存款	36 386		银行进账单
		贷：应收票据——丽都商场		36 386	

提示： 销售商品业务除了通过"主营业务收入"反映售价收入外，还要通过"主营业务成本""库存商品"等账户来结转已销商品的实际进价成本。

商品销售成本可以逐日计算和结转，也可以定期计算和结转。在实际工作中，为简化核算手续，商品销售成本一般在月末一次汇总计算结转。

上岗体验

资料： 鸿利贸易公司是一家批发企业，属于增值税一般纳税人，本月发生如下销售业务：

（1）3日，销售给同城顺意商场牛肉干20箱，单位售价500元，计货款10 000元，增值税1 300元，采用提货制发出商品，款项已收支票存入银行。

（2）5日，销售给本地南方超市果汁软糖300千克，单位售价28元，计货款8 400元，增值税1 092元，采用送货制发出商品，收到对方开出的为期一个月的商业汇票一张。

（3）11日，向桂林商场销售威化饼150箱，单位售价250元，计货款37 500元，增值税4 875元，采用发货制发出商品，发运时开出支票代垫运费2 000元。公司凭专用发票及运费单据等通过银行办妥收款手续。

（4）18日，收到银行转来的桂林商场托收款项的收款通知。

要求：根据上述业务进行相关账务处理。

业务12　直运销售

【业务描述】

直运商品销售是指批发企业将其从异地购进的商品直接发运销售给购货单位而不经过批发企业仓库储存的销售方式。具体要点见表2-35。

表2-35　直运商品销售方式

业务特点	核算要求
1. 商品从供货方直运购货方	由于商品不经过自己的储运部门和仓库，没有商品储存环节，会计核算上不使用“库存商品”账户
2. 业务涉及批发企业、供货方、购货方三方	批发企业既是购货方，又是供货方
3. 发货时，采购员填制一式多联的“直运商品收货单”	“存根联”留存，“收货单联”交供货单位，“随货同行发货单联”随货同行，其余联次寄回批发企业
4. 供货单位在商品发运后，填开增值税专用发票，到银行向批发企业托收货款	批发企业收到银行的托收结算凭证及附件，立即承付货款，作商品购进账务处理，记入“在途物资”
5. 批发企业收到“直运商品收货单”的有关联次后，即填开增值税专用发票，并向购货单位托收款项	在办妥托收手续后，通过“应收账款”确认商品销售收入和税额，通过“在途物资”结转销售成本
6. 直运商品销售有三种情况：先付进货款后收销货款；先收销货款后付进货款；两者同时到达	一般情况下，总是承付进货款在前，托收销货款在后

【业务资料】

顺昌公司从北京食品公司购进果脯200箱，单价300元，货款60 000元，增值税7 800元，按合同规定将该批商品直运给中山市的大明商厦，单价400元，货款80 000元，增值税10 400元。

【业务分析】

顺昌公司先是根据北京食品公司开具的专用发票和“直运商品收货单”购进货物60 000元记入“在途物资”，并通过“银行存款”承付货款和税金67 800元；再根据公司开具的专用发票和“直运商品发货单”向中山市大明商厦销售，托收款计入应收账款

90 400 元，确认商品销售收入 80 000 元，税额 10 400 元，同时直接通过“在途物资”结转商品销售成本 60 000 元，最后收取款项时减少应收账款。

【业务核算】

会计人员是根据增值税专用发票、收、发货单、托收凭证进行账务处理（见表 2－36）。

表 2－36

日期	业务摘要	账务处理	附件名称
10 月 15 日	承付进货款	借：在途物资——北京食品公司　60 000 应交税费——应交增值税（销项税额）　7 800 贷：银行存款　67 800	1. 购买发票 2. 托收凭证
10 月 17 日	销售商品，办妥托收	借：应收账款——中山市大明商厦　90 400 贷：主营业务收入——果脯　80 000 应交税费——应交增值税（销项税额）　10 400 同时结转该商品的销售成本： 借：主营业务成本——果脯　60 000 贷：在途物资——北京食品公司　60 000	1. 销售发票 2. 托收凭证 3. 发货单
10 月 18 日	收到销货款	借：银行存款　90 400 贷：应收账款——中山市大明商厦　90 400	收账通知

提示：直运商品销售由于涉及批发企业、供货单位和购货单位三方，并且三方不在同一地点，因而对于销售过程中的运费如何分配，可由批发企业分别与供货单位及购货单位商议确定，既可以一方负担，也可三方共同负担。

上岗体验

资料：鸿利贸易公司发生如下直运商品销售业务：

从成都食品公司购进牛肉干 100 箱，每箱进价 500 元，计进货款 50 000 元，增值税 6 500 元，将该批商品直运到湛江的西城商场，每箱售价 600 元，计货款 60 000 元，增值税 7 800 元。

（1）8 日，银行转来成都食品公司托收凭证，经审核无误，立即承付货款。

（2）15 日，供货方已发运商品，凭有关单据办妥向湛江西城商场的收款手续。

（3）19 日，收到银行转来的湛江西城商场的货款。

要求：根据上述经济业务进行相关账务处理。

特殊销售业务核算

业务 13　销货退回

【业务描述】

销货退回是指企业售出的商品，由于质量、品种不符合要求等原因而发生的退货，当发生销货退回时，财务部门应根据不同情况区别处理。具体内容见表 2－37。

表 2－37　　销货退回业务要点

销货退回情形	账务处理
企业未确认收入	只需由业务部门收回已开发票，注明“作废”字样，商品重新入库，不作账务处理
企业已确认收入，应取得购货方的有效证明，据此开出红字增值税专用发票。无论是当年销售还是以前年度销售	一般都是冲减退货当月的商品销售收入，同时冲减当月的销售成本
企业已确认收入，并已发生了现金折扣	应在退回当月一并调整
因退货发生的运费由销售方负担时	应记入“销售费用”账户核算

【业务资料】

顺昌公司 9 月份销售的果仁巧克力 500 千克，单价 29 元，货款 14 500 元，销项税额 1 885 元，商品总成本 11 000 元，款项已结清。10 月份因该批商品出现严重质量问题，购货方要求退货，经本企业研究同意，办理了收货及退款手续。

【业务分析】

由于顺昌公司是 9 月份销售的商品，已经确认收入并结转了成本，因此发生销货退回，就应冲减 10 月当月的销售收入，借记“主营业务收入”“应交税费”，贷记“银行存款”；冲减商品销售成本，借记“库存商品”，贷记“主营业务成本”。

【业务核算】

会计人员是根据红字增值税专用发票、收货单、购方进货退出凭证进行账务处理（见表 2－38）。

表 2－38

日期	业务摘要	账务处理	附件名称
10 月 20 日	销货退回冲减收入	借：主营业务收入——果仁巧克力　14 500 应交税费——应交增值税（销项税额）　1 885 贷：银行存款　16 385	红字销售发票
10 月 20 日	同时冲减销售成本	借：库存商品——果仁巧克力　11 000 贷：主营业务成本——果仁巧克力　11 000	收货单

说明：红字增值税专用发票中的税额在应交增值税明细账贷方销项税额栏中应用红字登记。

相关链接

发生销售退回业务时，如购销双方未入账，销货方应收回原开出的增值税专用发票，注明“作废”字样，并将商品重新入库。若购买方已作入账而无法退回原发票时，应由购买方向其税务机关递交“开具红字增值税专用发票申请单”，取得主管税务机关出具的“开具红字增值税专用发票通知单”后交销货方，销货方据此开出红字专用发票，将红字发票的“发票联”和“抵扣联”给购货方，同时还应到所属税务机关办理核销手续。

业务14　销售商品退补价

【业务描述】

批发商品销售中，有时由于计价错误或因销售价未定，先按暂定价计算等原因，造成多计或少计货款，发生实际售价与原结算售价的差异，需要办理退价和补价手续。

销售商品退价是指实际售价低于原结算的售价，其差额应由企业退还给购货单位。销售商品补价是指实际售价高于原结算售价，其差额应由购货单位补付给企业。具体核算要求见表2－39。

表2－39　**销货退补价核算**

业务内容	核算要求	备注说明
销货退价	由销货单位填制红字增值税专用发票，同时填制“销货更正单”，财务部门据以办理付款手续	退、补价是销售金额调整，不涉及商品数量，只需增加或减少“主营业务收入”账户和销项税额，不调整“库存商品”和“主营业务成本”账户的数额
销货补价	由销货单位填制蓝字增值税专用发票，同时填制“销货更正单”，财务部门据以办理收款手续	

【业务资料】

顺昌公司日前销售给城西超市的点心面200箱，单位售价100元为暂定价，已开出增值税专用发票并进行账务处理。现在最终定价为单价95元，多收1 000元，多收增值税130元。

【业务分析】

根据资料由于商品实际售价小于原售价，需要办理销货退价，所以顺昌公司应按规定填制“销货更正单”“红字增值税专用发票”，冲减销售收入1 000元，税金130元，并将多收款项退回对方。

【业务核算】

会计人员是根据红字增值税专用发票、销货更正单进行账务处理（见表2－40）。

表2－40

日期	业务摘要	账务处理			附件名称
10月21日	销货退价	借：主营业务收入——点心面	1 000		1. 红字销售发票 2. 销货更正单
		应交税费——应交增值税（销项税额）	130		
		贷：银行存款		1 130	

想一想

如果业务14中，顺昌公司销售给城西超市的点心面的最终定价为102元，那又应怎样进行账务处理呢？

上岗体验

鸿利贸易公司发生如下商品退补价业务：

（1）前日售给武汉商场腊肠200箱，单位售价500元为暂定价，已开具专用发票并进行账务处理。

（2）若现定价为520元，填制“销货更正单”，开具“蓝字专用发票”交付对方，收到银行转来的收款通知。

（3）若现定价为495元，开具“红字专用发票”交付对方，并将多收的款项汇还给对方。

要求：根据上述经济业务进行账务处理。

业务15　购货单位拒付货款和拒收商品

【业务描述】

在销售商品过程中，企业采用发货制和托收承付结算方式，在商品发出并办妥托收货款手续后，虽然已作商品销售处理，但有时由于工作上的疏忽会产生差错，如发错销售对象，发出的商品品种、规格、质量不符合合同规定，或商品数量短缺、价格计算错误等，这些情况均会遭到购货单位拒收全部或部分商品、拒付全部或部分货款。

当企业接到购货方提出的“拒付理由书”时，需经业务部门查明原因研究解决。在未解决前，购货方拒付货款部分仍保留在“应收账款”账户中。查明原因解决后，应按不同的解决办法进行处理。具体处理办法见表2－41。

表2－41　购货单位拒付拒收处理办法

业务内容	处理办法
属于商品少发	一是补发商品；二是不补发商品，作销货退回处理
属于因商品质量不符、品种规格发错	应据红字专用发票作销货退回，退货运费列入“销售费用”

【业务资料】

顺昌公司之前销售给韶关南越商场的梳打饼干100箱，单价88元，货款8 800元，增值税1 144元，代垫了运杂费500元，已办妥托收手续，后接到银行转来的韶关南越商场“拒绝承付理由书”，因短缺3箱而拒付货款264元，销项税额34.42元及代垫运杂费15元，其余款项已收回入账。经查明，上项短缺商品系本企业少发，不再补发，同意购货单位拒付货款，作销货退回处理。

【业务分析】

顺昌公司办妥托收手续后确认收入进行账务处理，后因少发商品被购货单位拒付货款，不再补发商品时，应根据红字专用发票作销货退回处理，冲减拒付部分的销售收入和销项税额。

【业务核算】

会计人员根据增值税专用发票、托收凭证进行账务处理（见表2－42）。

表2－42

日期	业务摘要	账务处理	附件名称
10月22日	销售商品办妥托收	借：应收账款——韶关南越商场　10 444 贷：应交税费——应交增值税（销项税额）　1 144 主营业务收入——梳打饼干　8 800 银行存款　500	1. 销售发票 2. 托收凭证
10月24日	发生部分拒付货款	借：银行存款　10 130.68 贷：应收账款——韶关南越商场　10 130.68	收账通知
10月24日	少发商品不再补发，冲减收入	借：主营业务收入——梳打饼干　264.00 销售费用　15.00 应交税费——应交增值税（销项税额）　34.32 贷：应收账款——韶关南越商场　313.32	红字销售发票

想一想

如果业务15中顺昌公司对于少发的3箱梳打饼干作补发给韶关南越商场时，那又应怎样进行账务处理呢？

上岗体验

鸿利贸易公司发生如下购方拒付货款、拒收商品业务：

（1）5日，向沐风商厦销售威化饼干500箱，单位售价250元，计125 000元，销项税额16 250元，以银行存款代垫运费1 600元，并办妥托收手续。

（2）9日，接到银行转来沐风商厦“拒绝承付理由书”通知联，因少发商品20箱而拒绝支付货款5 000元，销项税额650元，拒付代垫运费64元，其余货款及代垫运费已收回入账。

（3）12日，经查明上述拒收商品确系本企业少发，当即补发商品，收到沐风商厦汇来货款。

要求：根据上述经济业务进行账务处理。

任务三
储存商品的业务核算

任务描述

本部分的学习任务是：熟悉商品储存的流程和核算账户，掌握储存业务的内容并能进行正确的核算。

知识准备

商品储存，是指商业企业购进的商品在销售以前在企业的停留状态，它是保证商品流通正常进行的物质基础和重要条件。

流通企业会计必须做好商品储存核算的一系列工作：

（1）组织库存商品的总分类核算及其明细分类核算，以反映库存商品的总括储存情况及其内部结构。

（2）严格执行库存商品入库的收发和保管制度，做好库存商品的盘点及核算工作，以保证账货相符。

（3）按照规定的方法做好已销商品进价成本和期末库存商品进价成本的确定工作，以正确考核和计算商品经营成果。

一、库存商品的明细核算

库存商品的明细分类核算包括合理设置库存商品明细账，并对其进行登记两个方面。

（一）库存商品明细账的设置

在实行“数量进价金额核算法”的企业中，库存商品的明细分类核算既包括商品大类核算，又包括商品明细核算，但多以后者为主。

按照数量进价金额核算的要求，凡经过企业储备环节的商品都要通过“库存商品”账户核算。库存商品的账簿组织一般为三级（见图2－7），一级和二级核算在企业财务部门进行，即设置“库存商品总账”和“库存商品类目账”分别核算企业全部自有的库存商品和各大类库存商品的收入、发出及结存的进价金额情况；三级核算应同时在业务部门、仓库和财会部门进行，设置“库存商品明细账”。

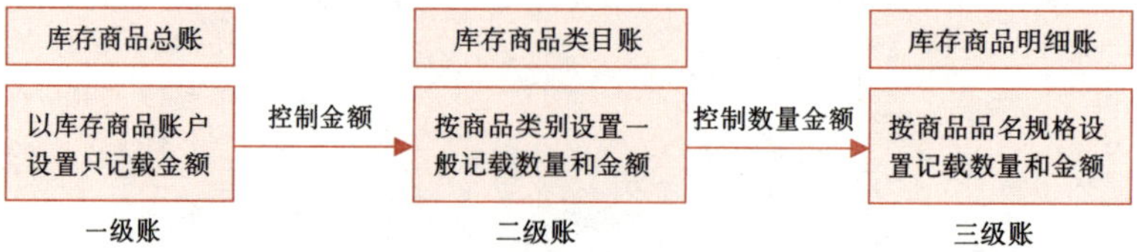

图2－7　库存商品账簿组织

本着既方便各部门业务需要，又要简化、节省和效率高的原则，库存商品明细账可以分别采用三种方式，具体内容见表 2－43。

表 2－43　　库存商品明细账设置方式

库存商品明细账设置方式	内容特点	优缺点及适用范围
三账一卡	• 业务部门设置一套商品调拨账，登记商品的数量 • 财会部门设置一套商品明细账，登记商品的数量和进价金额 • 仓库设置一套商品保管账 • 在商品堆放处挂置“堆垛卡”，以随时掌握各堆商品存量	“三账一卡”账簿体系虽然完整，便于控制商品变动及对账，但登账工作量大，重复劳动多，且容易造成三账之间的未达账项，适用于核算齐全的大型批发企业
二账一卡	• 商品调拨账与商品明细账合并设置，放在业务部门 • 仓库设置保管账和堆垛卡	适用于业务与财会两部门在同一场所办公，且相互配合协调好的企业
一账一卡	将商品调拨账、商品明细账、仓库保管账合并设为一套商品明细账，既登记数量，又登记金额	适用于“前店后仓”，业务、财会、仓库在同一场所办公的小型批发企业

提示： 实际工作中，多数批发企业采用“二账一卡”方式。由业务人员在调进拨出商品的同时凭票单登记商品账，财会人员逐笔勾对稽核。

（二）库存商品明细账的登记

1. 库存商品类目账

库存商品类目账又称“大类账”，是指按商品类别分户设置，登记其收入、发出与结存情况的账簿。类目账一般采用数量金额三栏式账页，也有的采用金额三栏式，它是处于总账与明细账之间的二级账户。库存商品类目账的具体内容和登记方法见表 2－44，格式如表 2－45 列示。

表 2－44　　库存商品类目账设置要点

内容特点	• 又称“大类账”，是指按商品类别分户设置，登记其收入、发出与结存情况的账簿 • 一般采用数量金额三栏式账页，也有的采用金额三栏式 • 是处于总账与明细账之间的二级账户
作用	• 由于批发企业商品品种规格繁多，通过类目账可以加强和完善对商品明细账的数量和金额的双重控制 • 有利于账账之间的核对，如有不符时，可缩小查找的范围 • 通过类目账集中计算商品销售成本，可以简化计算工作，减轻工作量 • 有利于掌握各类商品进、销、存的动态和毛利，为企业领导经营决策提供依据
登记方法	• 逐日结转商品销售成本的企业，应根据每日收入与发出商品的数量和金额登记库存商品类目账 • 定期结转商品销售成本的企业，应根据每日收入与非销售发出商品的数量和金额登记库存商品类目账，对于每日销售的商品平时只登记数量，待月末计算出商品销售成本后，再将金额一次记入库存商品类目账 • 根据记账凭证连同所附原始凭证进行登记，记载各大类商品收入、发出及结存的数量及进价金额

表 2－45　　库存商品类目账　　总页号　分页号

类别：　　单位：

年		凭证		摘要	收入		发出		结存	
月	日	种类	号数		数量	金额	数量	金额	数量	金额

2. 库存商品明细账的登记

库存商品明细账是企业财会部门组织库存商品明细核算的重点账户（见表 2－46），必须认真做好其登记工作。由于该账户的登记与销售成本计算与结转密切相关，现以采用月末一次加权平均法计算销售成本和分散结转相结合方式，说明该明细账户的具体登记方法如表 2－47 所示。

表 2－46　　库存商品明细账　　总页号　分页号

类别：

品名：　　规格：　　单位：

年		凭证		摘要	收入				发出				结存		
月	日	种类	号数		购进数量	其他数量	单价	金额	销售数量	其他数量	单价	金额	数量	单价	金额

表 2－47　　库存商品明细账登记方法

业务内容	库存商品明细账核算要求
购进商品验收入库时	根据“收货单”在收入栏内登记购进数量、单价和金额
购进商品退出时	根据“进货退出发货单”或“红字收货单”在收入栏内，用红字登记购进数量、单价和金额
加工商品收回及商品盘盈时	分别根据“委托加工商品成本计算单”及“商品溢余、损耗报告单”在收入栏内登记其他数量、单价和金额
销售商品发出时	以“发货单”有关联次为依据，平时只在付出栏内登记销售数量，月终结转销售成本时，再登记平均进货单价和金额

续表

业务内容	库存商品明细账核算要求
销货退回及销售商品遭到购货单位拒收时	根据销货退回的“收货单”及有关购货单位的拒收单证，用红字在付出栏内登记销售数量
发出加工商品及商品盘亏时	根据“委托加工商品发料单”和“商品溢余、损耗报告单”等在付出栏内登记其他数量、单价（用期初结存数）和金额
明细账内的结存栏	平时只登记数量指标，只有在月初结存和期末计算库存商品金额时，才登记平均单价和金额指标

提示：

（1）库存商品明细账一般在“结存栏”后设有存放地点栏，登记库存商品存放在各仓库的数量，商品在仓库与仓库之间转移时，只在该栏内相互登记调整，不必在收入、付出栏登记。

（2）企业对于购进商品按批保管和整批购进整批出售或整批购进分批出售的，可按照商品购进批次和商品编号、品名、规格分户设置商品明细账，进行数量进价金额核算。

（3）当每一批商品收进时，即按商品编号、品名、规格设立明细账，专门登记该批商品的收入、付出情况，随着该批商品销售完毕，也就结清该批商品的明细账。

3. 商品保管账的登记

商品保管账是用以控制库存商品实物数量变动的明细账，应由保管员根据每一商品收入、发出的原始凭证序时逐笔登记，只记数量，不记金额。每月终了，其记载结果应与各种商品实物及堆垛卡记录相符。

二、库存商品盘点的核算

（一）库存商品盘点的方法和程序

1. 库存商品盘点的方法

商品盘点，指的是对库存商品的数量和质量进行清点和检查。商品流通企业储存的商品由于自然条件的影响、设备条件的限制、工作中的差错及其他原因，会发生商品库存实有数多于或少于账存数的情况，也会因为商品质量的变化，使库存商品发生溢余或短缺。为了保护商品的安全，做到账实相符，企业必须对库存商品进行实地盘点，批发商品盘点具体可以分为定期盘点和不定期的临时盘点两种。

2. 库存商品盘点的程序

（1）盘点时，一般应根据各种实物的计量单位逐一点数，称重丈量，以确定全部实存数量。对包装完整的商品，可采用抽查的办法，对大堆笨重与特殊的商品，可采用技术测定的方法来确定全部实存数量。

（2）盘点后，应填制“批发商品盘点表”（表 2－48），以反映盘点结果，在表 2－48 中根据盘点结果填明实际数量，根据账上的资料填明账存数量，然后根据账存数量与实际数量计算溢余或短缺数。

表 2-48　　批发商品盘点表

部门：　　年　月　日　　第　页共　页

品名	单位	单价	账面结存		实际结存		账存与实存差异		
			数量	金额	数量	金额	溢或缺	数量	单价

部门负责人：　　监盘人：　　实施负责人：　　填表人：

（二）库存商品溢余和短缺的核算

（1）商品盘点发现溢余或短缺时，应及时填制“商品溢余（损耗）报告单”。如果是商品溢余，则按该商品的实际成本或按同类、类似商品的市场价格借记“库存商品”，贷记“待处理财产损溢”；如果是商品短缺，则按该商品的实际成本借记“待处理财产损溢”，贷记“库存商品”，以反映库存商品溢余和短缺情况，使库存商品账实一致。

（2）若有按规定不能抵扣的增值税进项税额，也应通过进项税额转出一并转入“待处理财产损溢”的借方，等待查明原因后妥善处理。但如果是因自然灾害造成的短缺则允许抵扣进项税额，不需转出。

（3）清查盘点中发现的库存商品盘盈盘亏，经批准后，具体处理见表 2-49。

表 2-49　　库存商品溢余和短缺核算要点

原　因		账务处理
清查发现的库存商品盘盈		营业外收入
自然损耗产生的存货定额内损耗		营业外支出
计量收发差错和管理不善造成的存货短缺和毁损	由保险单位或责任人赔偿	其他应收款
	由企业承担的净损失	营业外支出
自然灾害或意外事故造成的存货短缺和毁损	由保险单位或责任人赔偿	其他应收款
	残料价值	库存商品
	由企业承担的净损失	营业外支出

（4）清查盘点中的库存商品盘盈盘亏一律经“待处理财产损溢”账户核算，期末业务

处理完毕后“处理财产损溢”账户不应有余额。

业务 16　商品盘点溢余/短缺

【业务资料】

顺昌公司期末对库存商品进行实地盘点，发现有溢缺情况，具体结果如表 2－50。

表 2－50　**商品盘点溢余短缺报告单**

2019 年 10 月 30 日

商品名称	计量单位	单价	账存数量	实存数量	短缺		溢余		原因
					数量	金额	数量	金额	
点心面	箱	85.00	1 500	1 480	20	1 700.00			保管员责任
果仁巧克力	千克	22.00	2 000	2 010			10	220.00	自然升溢
合计						1 700.00		220.00	

制表：唐怡

【业务分析】

根据“商品盘点溢余短缺报告单”的资料，点心面发生短缺经查明属于保管员责任，应记入“其他应收款”核算；果仁巧克力发生溢余属于自然升溢，作冲减营业外收入处理。

【业务核算】

会计人员根据商品盘点溢余短缺报告单及处理书进行账务处理。见表 2－51。

表 2－51

日期	业务摘要	账务处理	附件名称
10 月 30 日	发生商品溢、缺	借：待处理财产损溢　1 921 　贷：库存商品——点心面　1 700 　　应交税费——应交增值税（进项税额转出）　221 借：库存商品——果仁巧克力　220 　贷：待处理财产损溢　220	商品盘点溢余短缺报告单
10 月 30 日	查明原因处理商品溢、缺	借：其他应收款——保管员　1 921 　贷：待处理财产损溢　1 921 借：待处理财产损溢　220 　贷：营业外收入　220	商品盘点溢余短缺处理书

上岗体验

鸿利贸易公司发生如下商品溢缺业务：

25 日，公司对商品进行了实地盘点，从报来的“商品盘点表”和“商品溢缺报告单”中列示：果汁软糖账存 386 千克，实存 390 千克，溢余 4 千克，单价 28 元；曲奇饼账存 450 盒，实存 448 盒，短缺 2 盒，单价 90 元。

经查明，溢余的 4 千克果汁软糖是自然升溢，短缺的 2 盒曲奇饼属意外损毁。

要求：根据上述经济业务进行相关账务处理。

任务四
计算和结转商品的销售成本

任务描述

本部分的学习任务是：熟悉商品销售成本的各种计算方法，能分析企业使用的销售成本的方法，会正确计算商品销售成本。

知识准备

一、商品销售成本的计算方法

企业购进商品时，由于进货地点、时间和物价等诸多因素的影响，会使得同一种商品每次的进货单价不一定相同，这就有必要采用恰当的方法来计算已销商品的进价成本。

企业确定商品销售成本的方法有三种：先进先出法、加权平均法（加权移动平均法）、个别计价法。

相关链接

根据《小企业会计准则——资产》第十三条的规定，小企业应当采用先进先出法、加权平均法或者个别计价法确定发出存货的实际成本。计价方法一经选用，不得随意变更。

（一）先进先出法

先进先出法是指根据先入库先发出的原则，对于发出的存货以先入库存货的单价计算发出的存货的成本，领发完毕后，再按第一批入库的存货的单价计算，依此从前向后类推，计算发出存货和结存货的成本。

业务17　采用先进先出法计算商品销售成本

【业务资料】

顺昌公司10月份库存商品——果仁巧克力期初结存2 000千克，单价22元，计44 000元，本月该商品购销情况如表2-52所示。

表2-52

时　间	业务内容
10月11日	购进200千克，单价21元，计4 200元
10月15日	销售500千克
10月17日	购进100千克，单价23元，计2 300元
10月18日	销售1 600千克
10月23日	购进1 800千克，单价20元，计36 000元
10月25日	销售700千克

【业务分析】

根据先进先出法的原理，最先入库的商品最先发出，因此10月份的果仁巧克力发出的单价依次应为22元、21元、23元及20元，再结合每次发出的数量，计算发出商品的成本。

【业务核算】

具体登账方法见表2－53。

表2－53　　库存商品明细账　　总页号　分页号

类别：食品类

品名：果仁巧克力　　规格：　千克　　单位：元

2019年		凭证		摘要	收　入				发　出				结　存		
月	日	种类	号数		购进数量	其他数量	单价	金额	销售数量	其他数量	单价	金额	数量	单价	金额
10	1			期初结存									2 000	22.00	44 000.00
10	11			购进	200		21.00	4 200.00					2 000 200	22.00 21.00	48 200.00
10	15			销售					500		22.00	11 000.00	1 500 200	22.00 21.00	37 200.00
10	17			购进	100		23.00	2 300.00					1 500 200 100	22.00 21.00 23.00	39 500.00
10	18			销售					1 500 100		22.00 21.00	33 000.00 2 100.00	100 100	21.00 23.00	4 400，00
10	23			购进	1 800		20.00	36 000.00					100 100 1 800	21.00 23.00 20.00	40 400.00
10	25			销售					100 100 500		21.00 23.00 20.00	2 100.00 2 300.00 10 000.00	1 300	20.00	26 000.00
10	31			本月合计	2 100			42 500.00	2 800			60 500.00	1 300	20.00	26 000.00

按先进先出原理，计算该商品三次发出的实际进价成本及月末结存商品成本：

15日商品销售成本＝500×22.00＝11 000（元）

18日商品销售成本＝1 500×22.00＋100×21.00＝35 100（元）

25日商品销售成本＝100×21.00＋100×23.00＋500×20.00＝14 400（元）

全月商品销售成本＝11 000＋35 100＋14 400＝60 500（元）

月末库存商品成本＝1 300×20.00＝26 000（元）

这种方法虽然计算结果准确，符合需要保鲜、容易变质、有一定的保质期限的商品的流转规律，计算的期末库存商品价值较接近实际，但是，采用这种计算方法要依次查明有关各批商品的实际进货单价，故工作量较大。所以这种方法适用于经营商品时效性强、经营的商品品种较少或收发次数不多的企业。

（二）加权平均法

加权平均法，亦称“月末一次加权平均法”，是指以本月收入全部存货数量加月初存货数量作为权数，去除本月收入全部存货成本加月初存货成本的和，计算出存货的加权平均单位成本，从而确定存货的发出成本和库存成本的方法。其计算公式如下：

$$加权平均单价=\frac{期初结存商品金额+本期收入商品金额-本期非销售付出金额}{期初结存商品数量+本期收入商品数量-本期非销售付出数量}$$

本期非销售付出金额＝本期非销售付出数量×期初存货平均单价

期末库存商品金额＝期末结存数量×加权平均单价

商品销售成本＝本期商品销售数量×加权平均单价

或＝期初结存商品金额＋本期收入商品金额－本期非销售付出金额－期末库存商品金额

业务18　采用加权平均法计算商品销售成本

【业务资料】

承业务17的资料，采用月末一次加权平均法计算商品销售成本。具体见表2－54。

【业务分析】

$$加权平均单价=\frac{44\ 000+4\ 200+2\ 300+36\ 000}{2\ 000+200+100+1\ 800}=21.10（元）$$

期末库存商品金额＝1 300×21.10＝27 430（元）

本期商品销售成本＝44 000＋4 200＋2 300＋36 000－27 430＝59 070（元）

表2－54　　库存商品明细账　　总页号　分页号

类别：食品类

品名：果仁巧克力　　规格：　千克　　单位：元

2019年		凭证		摘要	收入				发出				结存		
月	日	种类	号数		购进数量	其他数量	单价	金额	销售数量	其他数量	单价	金额	数量	单价	金额
10	1			期初结存									2 000	22.00	44 000.00
10	11			购进	200		21.00	4 200.00					2 200		
10	15			销售					500				1 700		
10	17			购进	100		23.00	2 300.00					1 800		
10	18			销售					1 600				200		
10	23			购进	1800		20.00	36 000.00					2 000		
10	25			销售					700				1 300		
10	30			结转销售成本								59 070.00	1 300	21.10	27 430.00
10	31			本月合计	2 100			42 500.00	2 800		21.10	59 070.00	1 300	21.10	27 430.00

这种方法计算的商品销售成本比较平均，且计价手续比较简便，但工作量仍然较大，而且平时从账面上反映不出商品的结存金额。故适用于前后进货价格相差幅度较大，但商品品种不是异常繁多的企业。

提示： 商品销售成本也可以用加权平均单价乘以本期商品销售数量计算，但在实际工作中，计算加权平均单价往往不能整除，又不能把小数的位数计算过多，为了避免计算中可能出现的尾差（如上例用加权平均单价乘商品销售数量 2 800 × 21.10 = 59 080 元，则尾差 10 元），可以先计算出期末库存商品金额，然后倒挤本月商品销售成本，将尾差计入商品销售成本之内。

（三）移动平均法

移动平均法又称“移动加权平均法”，是指发出商品按照各批收进数量与收进前的结存数量为权数计算出来的平均单价进行计价的一种方法。其特点是，每收进一批商品都要重新计算一次加权平均单价，因而商品发出的单价随每次收进而移动，故称为“移动加权平均法”。其计算公式与前述加权平均法基本相似，不再重述。

业务 19　采用移动加权平均法计算商品销售成本

【业务资料】

承业务 17 的资料，采用移动加权平均法计算商品销售成本。具体见表 2－55。

【业务分析】

第一次购进（11 日）以后：

$$加权平均单价 = \frac{44\ 000 + 4\ 200}{2\ 000 + 200} = 21.91（元）$$

11 日结存商品成本 = 2 200 × 21.91 = 48 202（元）

15 日结存商品成本 = 1 700 × 21.91 = 37 247（元）

15 日销售商品成本 = 500 × 21.91 = 10 955（元）

第二次购进（17 日）以后：

$$加权平均单价 = \frac{37\ 247 + 2\ 300}{1\ 700 + 100} = 21.97（元）$$

17 日结存商品成本 = 1 800 × 21.97 = 39 546（元）

18 日结存商品成本 = 200 × 21.97 = 4 394（元）

18 日销售商品成本 = 1 600 × 21.97 = 35 152（元）

第三次购进（23 日）以后：

$$加权平均单价 = \frac{4\ 394 + 36\ 000}{200 + 1\ 800} = 20.20（元）$$

23 日结存商品成本 = 2 000 × 20.20 = 40 400（元）

25 日结存商品成本 = 1 300 × 20.20 = 26 260（元）

25 日销售商品成本 = 700 × 20.20 = 14 140（元）

全月商品销售成本 = 10 955 + 35 152 + 14 140 = 60 247（元）

表2－55 库存商品明细账 总页号 分页号

类别：食品类

品名：果仁巧克力 规格： 千克 单位：元

2019年		凭证		摘要	收入				发出				结存		
月	日	种类	号数		购进数量	其他数量	单价	金额	销售数量	其他数量	单价	金额	数量	单价	金额
10	1			期初结存									2 000	22.00	44 000.00
10	11			购进	200		21.00	4 200.00					2 200	21.91	48 202.00
10	15			销售					500		21.91	10 955.00	1 700	21.91	37 247.00
10	17			购进	100		23.00	2 300.00					1 800	21.97	39 546.00
10	18			销售					1 600		21.97	35 152.00	200	21.97	4 394.00
10	23			购进	1 800		20.00	36 000.00					2 000	20.20	40 400.00
10	25			销售					700		20.20	14 140.00	1 300	20.20	26 260.00
10	31			本月合计	2 100			42 500.00	2 800			60 247.00	1 300	20.20	26 260.00

这种方法计算的商品销售成本虽然较加权平均法更准确合理，但计算平均单价次数太多，太繁杂，一般只适用于经营品种很少，进货次数不多，且进价变动幅度较大的少数企业。

（四）个别计价法

个别计价法是指对库存和发出的某一特定物品的个别成本加以认定的一种方法。

采用这种方法必须具备两个条件：一是对存货项目必须可以辨别认定；二是有反映个别存货项目收进发出变动的详细记录。这种方法在流通企业中的具体运用，就是分批实际进价法。

分批实际进价法以每一批商品的实际进价为依据计算每一批已销商品的成本。如果是整批购进分批发出时，即以该批的实际进货单价乘销售数量，即得出商品销售成本。其计算公式为：

商品销售成本＝某批销售商品数量×该批商品原进货单价

业务20 采用个别计价法计算商品的销售成本

【业务资料】

顺昌公司10月份整批购进点心面500箱，单价65元，计32 500元。采用个别计价法计算商品销售成本。

【业务分析】

根据有关单证记入库存商品明细账的收入栏，在整批购进整批付出时，即以购进金额32 500元全数作为商品销售成本，并记入付出栏，以结清该账户。在整批购进分批付出时，如销售商品100箱，即以销售数量乘购进单价65元，计算出应结转商品销售成本为6 500元。直至结存400箱全数售完，按上述方法结转商品销售成本后，即结清这一账户。

可见，采用这种方法必须在每批商品购进时，按批次分设明细账页，该批次商品售完后，即结清该账户，不得续用。

这种成本计算方法，只适用于整进整出或整进零出以及直运商品销售等进销货物能分清批次的商品。其优点是不需另外计算单价，计算出来的商品销售成本符合实际情况，手续简便。缺点是同一商品不同批次购进需分设账页，手续繁杂，账页特别多，适用范围特别窄。

相关链接

根据《企业会计准则——存货》的有关规定：企业存货的发出方法有：先进先出法、月末一次加权平均法、移动加权平均法、个别计价法和毛利率法五种。

二、结转商品销售成本的核算

商品销售成本的结转是指将计算出来的已销商品进价成本，自“库存商品”账户转入“主营业务成本”账户。商品销售成本的结转按其结转的时间分为随时结转和定期结转；按其结转的方式分为分散结转和集中结转。具体内容见表 2－56。

表 2－56　　商品销售成本的结转方法

商品销售成本结转方法	具 体 内 容
随时结转	在商品销售的同时结转成本，主要适用于直运商品销售和成批进成批出的商品销售
定期结转	一般在月终一次结转成本，它广泛用于日常的批发销售业务，并且多在月末时间进行
分散结转	在库存商品明细账上计算每种已销商品的成本和期末结存商品的金额，并在每一账户的付出商品金额内登记结转数，然后将各户的商品销售成本加总，求得全部商品销售成本后，在类目账和总账上予以结转
集中结转	在库存商品明细账上只计算每种商品的期末结存金额，不计算每种商品的销售成本，把各户结存商品金额加总或按大类商品加总，得出期末库存商品总金额或大类商品结存金额，然后根据总账或类目账的资料，倒挤出已销商品的成本

业务 21　结转商品销售成本

【业务资料】

广州市顺昌贸易有限公司采用按月定期、集中结转的方式计算和结转食品类商品销售成本。假设顺昌公司食品类商品由果仁巧克力、梳打饼干、点心面三种商品组成，11 月月末按加权平均法计算库存商品结存金额，有关商品明细账资料如表 2－57 至表 2－59。

表 2－57　　库存商品明细账　　总页号　分页号

类别：食品类

品名：果仁巧克力　　规格：千克　　单位：元

2019 年		凭证		摘要	收入				发出				结存		
月	日	种类	号数		购进数量	其他数量	单价	金额	销售数量	其他数量	单价	金额	数量	单价	金额
11	1			期初结存									1 500	21.00	31 500.00
11	5			购进	300		22.00	6 900.00					1 800		
11	9			销售					600				1 200		
11	20			购进	200		23.00	4 600.00					1 400		
11	27			销售					1 000				400		
				本月合计	500			11 500.00	1 600		21.50	34 400.00	400	21.50	8 600.00

表 2－58　　库存商品明细账

类别：食品类

品名：梳打饼干　　规格：箱　　单位：元

2019 年		凭证		摘要	收入				发出				结存		
月	日	种类	号数		购进数量	其他数量	单价	金额	销售数量	其他数量	单价	金额	数量	单价	金额
11	1			期初结存									800	70.00	56 000.00
11	6			购进	400		68.00	27 200.00					1 200		
11	19			销售					700				500		
11	22			购进	200		71.00	14 200.00					700		
				本月合计	600			41 400.00	700		69.57	48 701.00	700	69.57	48 699.00

表 2－59　　库存商品明细账

类别：食品类

品名：点心面　　规格：箱　　单位：元

2019 年		凭证		摘要	收入				发出				结存		
月	日	种类	号数		购进数量	其他数量	单价	金额	销售数量	其他数量	单价	金额	数量	单价	金额
11	1			期初结存									2 000	85.00	170 000.00
11	4			购进	1 000		88.00	88 000.00					3 000		
11	16			销售					1 400				1 600		
11	25			本月合计	1 000			88 000.00	1 400		86.00	120 400.00	1 600	86.00	137 600.00

【业务分析】

（1）根据资料，采用加权平均法计算各商品销售成本，登记库存商品明细账。

（2）根据各库存商品明细账集中登记“库存商品类目账”如表 2－60。

汇总计算库存商品销售总成本＝34 400＋48 701＋120 400＝203 501（元）

表 2－60　　库存商品类目账

类别：食品类　　单位：元

2019 年		凭证		摘要	收入		发出		结存	
月	日	种类	号数		数量	金额	数量	金额	数量	金额
11	1			期初结存						257 500.00
	4			购进点心面	1 000	88 000.00				345 500.00
	5			购进果仁巧克力	300	6 900.00				352 400.00
	6			购进梳打饼干	400	27 200.00				379 600.00
	20			购进果仁巧克力	200	4 600.00				384 200.00
	22			购进梳打饼干	200	14 200.00				398 400.00
	30			结转销售成本				203 501.00		194 899.00
	30			本月合计		140 900.00		203 501.00		194 899.00

【业务核算】

会计人员根据“库存商品类目账”的资料进行账务处理（见表 2－61）。

表 2－61

日期	业务摘要	账务处理	附件名称
11. 30	月末结转已销商品进价成本	借：主营业务成本——食品类　203 501 　贷：库存商品——食品类　203 501	无

单元知识要点

- 商品批发的会计处理
  - 购进商品业务核算
    - 商品购进一般流程
      - 同城(送货制、提货制)
      - 异地(发货制)
    - 应设置的账户
      - “在途物资”账户、“库存商品”账户
    - 一般商品购进业务
      - 本地购进
      - 异地购进(货单同到、货到单未到、单到货未到)
      - 预付款购进(经“预付账款”账户核算)
    - 商品购进特殊业务
      - 购进溢余短缺(经“待处理财产损溢”账户核算)
      - 进货退出(做商品购进相反分录)
      - 进货退补价
        - 商品尚未售出或结转成本，调整“库存商品”
        - 商品已售出并结转成本，调整“主营业务成本”
      - 购进商品拒付货款和拒收商品
        - 货款未付，不做账务处理
        - 货款已付，对拒收部分作进货退出处理
  - 销售商品业务核算
    - 商品销售一般流程
      - 同城销售(送货制、提货制)
      - 异地销售(发货制)
    - 应设置的账户
      - “主营业务收入”账户、“主营业务成本”账户
    - 一般商品销售业务
      - 同城销售
      - 异地销售
      - 直运销售：会计核算上不使用“库存商品”账户
    - 商品销售特殊业务
      - 销货退回(做一般销售的相反分录)
      - 销货退补价
        - 只需增减“主营业务收入”和销项税额的部分
        - 不调整“库存商品”和“主营业务成本”
      - 购货单位拒付货款和拒收商品
        - 补发商品，作一般销售处理
        - 不补发商品，作销货退回处理
  - 储存商品业务核算
    - 库存商品明细核算
      - 库存商品明细账设置
      - 库存商品明细账登记
        - 三账一卡
        - 二账一卡
        - 一账一卡
    - 库存商品盘点的核算
      - 库存商品的盘点方法程序(实地盘点法)
      - 库存商品溢余短缺核算(经“待处理财产损溢”账户核算)
  - 计算和结转商品销售成本
    - 商品销售成本计算方法
      - 先进先出法
      - 加权平均法
      - 移动加权平均法
      - 个别计价法
    - 结转商品销售成本的核算
      - 分散结转
      - 集中结转

单元训练

一、单项选择题

1. 上海百货公司日前售给春风百货商店搪瓷烧锅800只，每只11.56元，今发现单价开错，每只应为11.66元，当即开出更正发票予以更正，该笔业务属于（　　）。

A. 购进商品退价　　B. 购进商品补价

C. 销售商品退价　　D. 销售商品补价

2. 直运商品销售成本的计算方法，应采用（　　）。

A. 个别计价法　　B. 加权平均法

C. 移动加权平均法　　D. 先进先出法

3. 应在库存商品明细账发出方“其他数量”栏内登记的业务是（　　）。

A. 销货退回　　B. 进货退出

C. 商品短缺　　D. 销售商品

4. 在送货制的情况下，当收到供货单位发来的货物并经核实后，一般由（　　）填制收货单。

A. 业务部门　　B. 财会部门

C. 仓库部门　　D. 人事部门

5.“在途物资”账户应按（　　）等分户进行明细核算。

A. 商品规格型号　　B. 商品类目

C. 供应单位、商品品种　　D. 商品重量

6. 在采用发货制方式下，（　　）按合同规定办理发运商品手续。

A. 购货单位　　B. 供货单位

C. 运输单位　　D. 仓库部门

7. 购进商品时发生短缺，若为运输途中的自然损耗则作（　　）处理。

A. “销理费用”　　B. 计入所收商品成本

C. 由运输部门赔偿　　D. 由供货单位赔偿

8. 异地商品销售时，销货单位为购货单位垫支的运费在向银行办理托收后计入（　　）账户。

A. “银行存款”　　B. “应收账款”

C. “销售费用”　　D. “应付账款”

9. 所谓商品销售成本的结转，是指将计算出来的已销商品进价成本，自“库存商品”账户转入（　　）账户。

A. “本年利润”　　B. “主营业务收入”

C. “主营业务成本”　　D. “销售费用”

10. 小企业在购买商品过程中发生的费用包括运输费、装卸费、运输途中的合

理损耗等，应记入（　　）账户核算。

A. “管理费用” B. “营业外支出”
C. “库存商品” D. “销售费用”

二、多项选择题

1. 购进商品发生拒付货款和拒收商品一般会出现的情况有（　　）。
A. 先拒收商品，后拒付货款
B. 先拒付货款，后拒收商品
C. 先商品验收入库，后拒付货款
D. 先支付货款，后拒收商品

2. 直运商品销售的运费根据具体情况不同，可以由（　　）负担。
A. 供货单位 B. 批发企业
C. 购货单位 D. 批发企业与购货单位共同

3. 当企业发生进货退价的商品尚未售出，收到供货单位多收的价税款时，应相应调整的账户是（　　）账户。
A. “银行存款” B. “应交税费——应交增值税（进项税额）”
C. “库存商品” D. “主营业务成本”

4. 当企业发生进货补价的商品已售出并已结转成本，当向供货单位支付少付的价税款时，应相应调整的账户是（　　）。
A. “银行存款” B. “应交税费——应交增值税（进项税额）”
C. “库存商品” D. “主营业务成本”

5. 企业发生销货退补价时，应相应调整的主要账户是（　　）。
A. “主营业务收入” B. “主营业务成本”
C. “库存商品” D. “应交税费——应交增值税（销项税额）”

6. 商品销售成本的结转方式按其结转方式的不同可分为（　　）。
A. 随时结转 B. 定期结转
C. 分散结转 D. 集中结转

7. 商品销售成本的结转方式按其结转时间的不同可分为（　　）。
A. 随时结转 B. 定期结转
C. 分散结转 D. 集中结转

8. 根据《小企业会计准则》的规定，企业应当采用（　　）等方法确定发出存货的实际成本。
A. 先进先出法 B. 加权平均法
C. 个别计价法 D. 毛利率法

9. 批发企业采用“二账一卡”进行库存商品明细核算。这“二账一卡”是指（　　）。
A. 商品明细账 B. 商品调拨账
C. 商品堆垛卡 D. 商品保管账

10. 同城销售商品的交接方式有（　　）。

A. 提货制　　B. 发货制

C. 送货制　　D. 收货制

三、判断题

1. 企业在预付货款时，不能作为商品购进，只有在收到商品时才能作为商品购进。（　　）

2. 仓库商品销售和直运商品销售都属于商品销售，因此在核算上没有什么不同。（　　）

3. 库存商品发生短缺，不论是自然损耗还是责任事故，经领导批准由企业列支时，均列入“销售费用”账户。（　　）

4. 加权平均法是指在一个计算期内，综合计算每种商品的加权平均单价，再乘以销售数量，计算商品销售成本的一种方法。（　　）

5. 采用先进先出法计算出来的商品销售成本，比采用加权平均法计算出来的商品销售成本更加准确。（　　）

6. 企业采购商品发生的进货费用，可计入商品的进货成本。（　　）

7. “待处理财产损溢”属损益类账户，用来核算企业已经发生而未查明原因等待处理的各项资产的盘盈、盘亏、溢余和短缺。（　　）

8. 企业发生进货退出时，应取得业务部门开具的进货退出证明单，送交销货方凭以开具红字专用发票作为扣减进项税额的凭证。（　　）

9. 当拒付货款的商品到达时，作为拒收商品，代供货单位暂时保管。在会计核算上，未付货款的拒收商品不需要做账务处理。（　　）

10. 直运商品销售的突出特点是没有商品储存环节，在会计核算上可以不使用“库存商品”。（　　）

11. 已确认收入的销售商品退回，一般应直接冲减退回当月的销售收入和销售成本等。（　　）

12. 在实行“数量进价金额核算法”的企业中，库存商品的明细分类核算既包括商品大类核算，又包括商品明细核算，但多以后者为主。（　　）

四、实务题

（一）计算登账题：练习已销商品进价成本的计算方法

资料：新星批发公司9月份“库存商品——甲商品”明细账月初结存数量2 000件，单价3元，结存金额6 000元，本月进货情况如表2－62所示。

表2－62

日期	单价（元/件）	数量	金额（元）
5日	3.10	1 200	3 720.00
11日	2.90	3 000	8 700.00
22日	3.20	1 500	4 800.00

本月7日、15日、24日分别销售甲商品2 500件、1 000件、4 000件。

要求：

1. 设置和登记库存商品明细账。

2. 采用先进先出法计算甲商品期末结存成本和本月销售成本，完成明细账的登记和结账。

3. 采用加权平均法计算甲商品期末结存成本和本月销售成本，完成明细账的登记和结账。

附“库存商品明细账”账页（见表2－63、表2－64）。

表2－63　　**库存商品明细账（先进先出法）**

类别：

品名：　　　　规格：　　　　单位：

年		凭证		摘要	收入				发出				结存		
月	日	种类	号数		购进数量	其他数量	单价	金额	销售数量	其他数量	单价	金额	数量	单价	金额

表2－64　　**库存商品明细账（加权平均法）**

类别：

品名：　　　　规格：　　　　单位：

年		凭证		摘要	收入				发出				结存		
月	日	种类	号数		购进数量	其他数量	单价	金额	销售数量	其他数量	单价	金额	数量	单价	金额

（二）业务核算题

练习一：练习批发企业一般商品购进业务的核算。

资料：华达批发公司属于一般纳税人批发企业，该公司9月份发生下列商品购进业务：

（1）3日，从本地的立联公司购进A类甲商品400箱，收到增值税专用发票，单价300元，价款12万元，税额15 600元，当即签发转账支票付清全部款项，商品如数验收入库。

（2）5日，向武汉公司购进A类丙商品1 000件，收到增值税专用发票，单价200元，价款20万元，税额2.6万元，托收单证已到，供方代垫运杂费5 000元，经审核无误，立即通过银行承付全部价款及运费，商品未到。

（3）8日，湖南公司通过银行转来上月已收货未付款的500件A类乙商品的全套结算单据，计货款25 000元，税额3 250元，经审核无误如数承付全部价款。

（4）11日，前向武汉公司购进A类丙商品1 000件已到货，并如数验收入库。

（5）18日，向北京公司购进乙商品2 000件，收到增值税专用发票，单价50元，计价款10万元，税额1.3万元，供方代垫运杂费3 000元，已如数收妥商品及全部发票单据，但货款尚未支付。

（6）25日，以汇兑方式向北京公司汇付乙商品的全部价款共计11.6万元。

要求：根据上述经济业务进行相关账务处理。

练习二：练习批发企业商品购进特殊业务的核算。

资料：粤华批发公司（一般纳税人）9月份发生下列商品购进特殊业务：

（1）6日，本月2日购进的A类甲商品今日开箱出售，发现有50台不符合合同规定的质量标准，经与供方联系同意作进货退出处理。当日办理退货手续，收到供方签发的转账支票及红字增值税专用发票等，计退付价款合计45 200元，存入银行。

（2）10日，向杭州公司购进A类乙商品300台，收到增值税专用发票，单价300元，计价款9万元，税额11 700元，供方代垫运杂费1 600元，供方托收单证已到，审核无误如数承付，商品未到。

（3）12日，向南昌公司购进A类甲商品80台，增值税专用发票注明单价820元，计价款65 600元，税额8 528元，供方代垫运杂费2 500元，供方托收单证已到，审核无误如数承付，商品未到。

（4）14日，向杭州公司购进的乙商品今日到货，实际点验入库数为310台，溢余10台。经查系供方多发，经协商同意作购进，立即汇付价款3 000元及税额390元。

（5）16日，向南昌公司购进的甲商品今日到货，实际点验入库数为76台，短缺4台。经查短缺4台系运输方责任事故造成商品毁损，经协商运输方同意赔款3 831.40元（价款3 280元，税款426.40元，运杂费125元）。

（6）23日，本月2日从本市惠明公司购进A类甲商品300台，原进价为每台

1 000 元，收到供方开来红字增值税专用发票、销货更正单，该批商品每台多计 20 元，多计货款 6 000 元，增值税多计 780 元。当即收到退价款存入银行（经查明该批商品尚未售出）。

要求：根据上述经济业务进行相关账务处理。

练习三：练习批发企业商品销售业务的核算。

资料：昊天批发公司（一般纳税人）9 月份发生下列商品销售业务：

（1）6 日，向宜昌商场销售甲商品 70 台，单位售价 1 100 元，计 77 000 元，销项税额 10 010 元，乙商品 30 台，单位售价 900 元，计 27 000 元，销项税额 3 510 元，商品已经发出，同时以银行存款代垫运费 1 000 元，开出增值税专用发票及相关单证，当日到银行办妥托收手续。

（2）9 日，公司第一批发部报来销售日报表，载明本地销售甲商品 150 台，单位售价 1 100 元，乙商品 40 台，单位售价 900 元，总售价 201 000 元，销项税额 26 130元，开出增值税专用发票，收到支票当即送存银行。

（3）16 日，银行通知向宜昌商场销售甲、乙两种商品的价款已如数收讫。

（4）25 日，向荆门商厦销售丙商品 50 台，开出增值税专用发票，单价 600 元，计价款 30 000 元，销项税额 3 900 元，货物由商厦自提自运，货款尚未收到。

要求：根据上述经济业务进行相关账务处理。

练习四：练习批发商品销售中特殊业务的核算。

资料：冰海批发公司（一般纳税人）9 月份发生下列商品销售业务：

（1）8 日，按供货方、购货方和本企业三方签订的直运商品销售合同的规定，本企业业务员已于 4 日从南宁公司购进甲商品 80 台，直运销售给福州某零售商场。今日，南宁公司的结算单据已到，经审核无误，企业立即承付进货款 80 800 元（单位进价 1 010 元），税额 10 504 元。

（2）9 日，根据上项甲商品直运销售的发运单证和销货合同，企业向开户银行办妥托收甲商品货款 88 000 元（80 × 1 100 元），销项税额 11 440 元，代垫运费 600 元，开出增值税专用发票和相关单据办妥托收手续，同时结转销售成本。

（3）15 日，接银行通知，向福州零售商场托收的甲商品全部款项 100 040 元已收妥入账。

（4）20 日，前向宜昌商场销售并已收款的甲商品，现购方开箱销售时发现有 5 台甲商品存在严重质量问题，购方要求退货。经审查后公司同意购方要求，今日，宜昌商场的退货返回已如数点验入库，立即汇付退货款 390 元及税额 50.70 元。

（5）30 日，经核实，上月向昆明公司销售的丙商品 80 台，每台售价少计 40 元，总计少收货款 3 200 元、增值税 416 元，立即开出增值税专用发票和销货更正单，要求购方补付价款，款项未收。

要求：根据上述经济业务进行相关账务处理。

练习五：练习批发商品储存环节中库存商品盘点的核算。

资料：瑞信批发企业（一般纳税人）11 月发生下列部分经济业务：

（1）26 日，第一仓库对 A 类商品进行了实地盘点，报来的“商品盘点表”和“商品溢缺报告单”中列明：甲商品账存 356 台，实存 360 元，溢余 4 台（甲商品期初结存不含税单价 980 元）；乙商品账存 42 台，实存 37 台，短缺 5 台（乙商品期初结存不含税单价 800 元），原因待查。

（2）30 日，上述商品溢缺经查明，溢余 4 台甲商品系以前年度记账错误所致，经董事会会议研究通过，甲商品溢余计入营业外收入；短缺 5 台乙商品，其中 2 台系仓库保管员保管不善损毁，决定由其赔偿，另 3 台属于非常损失。

要求：根据上述经济业务进行相关账务处理。

3 第三单元 商品零售的会计处理

学习目标：

- □ 能核算百货商店的自营及联营销售业务
- □ 能核算超市经营业务
- □ 能核算鲜活商品业务
- □ 熟悉连锁经营、便利店及专卖店经营业务核算

任务一 百货商店经营业务核算

任务描述

本部分的学习任务是：知道百货商店自营销售和联营销售的特点，熟悉百货商店联营销售的业务流程，会进行百货商店自营销售和联营销售业务的会计处理。

知识准备

一、百货商店自营销售业务的核算

（一）自营销售的特点

百货商店自营销售的特点是集中采购，进销分离，利润来自于经销商品的经销差价，减少了各种代理环节，其风险是企业自己对商品的销路负责，销售不畅的商品无法退回给进货厂商。

（二）商品购进业务的核算

百货商店自营业务通常采用数量进价金额核算法进行核算。“库存商品”按商品类别、品名设明细账。数量进价金额核算方法在批发企业已经详细讲解，本任务有关内容将不再重复。百货商店经营业务主要介绍商品购进一般业务及包装物超重、减重业务。

1. 商品购进一般业务的核算。商品购进业务的核算涉及的账户有“在途物资”“库存商品”“销售费用”等。

业务1 商品一般购进的核算

【业务资料】

浩天百货商店是一家以联营为主、自营为辅的零售小型商品流通增值税一般纳税人企业。9月5日从上海购入牛奶糖1 000千克，价款15 000元，税金1 950元。巧克力500千克，价款10 000元，税金1 300元，取得增值税专用发票的发票联和抵扣联；支付代理运费1 635元，价款1 500元，税金135元，取得专用发票联和抵扣联。货款及代垫运费均通过银行汇票结算。9月10日收到货物并验收，取得收货单一张。

【业务分析】

依据《小企业会计准则》规定，零售小企业在购买商品过程发生的运输费、装卸费等直接计入“销售费用”。则

在途物资成本 = 15 000 + 10 000 = 25 000（元）

销售费用 = 1 500（元）

进项税额 = 1 950 + 1 300 + 135 = 3 385（元）

【业务核算】

会计人员根据增值税专用发票的发票联和抵扣联、运输发票的发票联和抵扣联进行账务处理，见表3－1。

表3－1

日期	业务摘要	账务处理	附件名称
9月5日	购进商品未入库	借：在途物资——味源食品有限公司 25 000 销售费用——运输费 1 500 应交税费——应交增值税（进项税额） 3 385 贷：其他货币资金——银行汇票存款 29 885	购买发票（2张）
9月10日	商品验收入库	借：库存商品——（食品）牛奶糖 15 000 ——（食品）巧克力 10 000 贷：在途物资——味源食品有限公司 25 000	收货单

2. 包装物超重、减重业务的核算。零售企业购进带有包装的散装商品，应按照扣除商品包装物的实际重量后的净重验收入库。对于某些不能腾空包装物，只能暂按毛重减去包装物标准重量或估计重量后计算商品净重。待包装物腾空后，如果包装物实际重量超过标准重

量或估计重量，称为“包装物超重”；如果腾空的包装物实际重量低于标准重量或估计重量，称为“包装物减重”。

包装物超重，说明原验收商品实际重量不足，可视为购进商品短缺；包装物减重，说明原验收商品实际重量多，可视为购进商品溢余。

对于购进商品溢缺，如果合同约定由供方负责，包装物减重应作补作购进，包装物超重应作进货退出处理（有关补作购进或进货退出在前面批发企业已详细介绍）。如果合同约定由购方负责，则比照购进商品发生自然升溢或自然损耗处理。

业务 2　包装物超重的业务核算

【业务资料】

9 月 1 日浩天百货商店以每千克 14 元购进金装巧克力 10 箱，每箱毛重 50 千克，每个包装箱标准重 5 千克，合同约定包装物超重或减重由购方负责。9 月 8 日金装巧克力售完，包装物腾空过磅，每个包装箱实际重量为 6 千克。

【业务分析】

每个包装箱标准重 5 千克，包装物腾空过磅，每个包装箱实际重量为 6 千克，包装箱实际重量超过标准重量 1 千克，包装物超重共 10 千克，以每千克 14 元计，商品短缺共 140 元。

【业务核算】

会计人员根据包装物超重计算单进行账务处理，见表 3－2。

表 3－2

日期	业务摘要	账务处理	附件名称
9 月 8 日	包装物超重	借：销售费用——商品损失　140 　贷：库存商品——（食品）巧克力　140	包装物超重计算单

业务 3　包装物减重的业务核算

【业务资料】

承业务 2，假如包装物腾空过磅，每个包装箱实际重量为 4.2 千克。

【业务分析】

每个包装箱标准重 5 千克，包装物腾空过磅，每个包装箱实际重量为 4.2 千克，包装箱实际重量低于标准重量 0.8 千克，包装物减重共 8 千克，以每千克 14 元计，商品溢余共 112 元。

【业务核算】

会计人员根据包装物减重计算单进行账务处理，见表 3－3。

表 3－3

日期	业务摘要	账务处理	附件名称
9 月 8 日	包装物减重	借：库存商品——（食品）巧克力　112 　贷：销售费用——商品溢余　112	包装物减重计算单

提示：依据《小企业会计准则》规定，商品流通小企业管理费用不多的，可以不设置“管理费用”科目，本科目核算内容可并入“销售费用”科目核算。

（三）商品销售业务的核算

1. 商品销售业务的一般流程

（1）百货商店主要服务对象是消费者，其结算方式主要是现金和信用卡，只有少量的单位转账业务。

（2）百货商店在销售中采用的收款的方式主要有分散和集中两种，见表3－4。

表3－4　　零售收款方式

收款方式	基本内容	优点	缺点	适用范围
分散收款	由营业员直接收款发货	手续简便，交易迅速	容易发生差错	品种简单，价格较低的商品销售
集中收款	设立收款台，由营业员填制销货单，消费者据以向专设收款员交款，消费者凭盖有“现金收讫”印章销货单向营业员领取商品	钱货分管，责任分明，不易发生差错	交易手续繁琐	价格较高的商品销售

（3）百货商店收到的货款要按现金管理条例的规定及时送存银行。货款送存银行（也称“货款解缴”）有两种方式，见表3－5。

表3－5　　零售货款解缴的方式

解缴方式	基本内容
分散解缴	每天营业结束后，由营业柜组安排专人（分散收款方式）或由收款员（集中收款方式）填制解款单，将现金送存银行，取得解款回单后送交财会部门
集中解缴	每天营业结束后，由营业柜组安排专人（分散收款方式）或由收款员（集中收款方式）填制“商品销售收入缴款单”，连同销货款一并送交财会部门，再由财会部门集中汇总后填制解款单，送存银行

商品销售收入缴款单（见表3－6）一式两联，财会部门出纳员当面点收现金后，加盖“收讫”戳记，一联退还缴款部门作其缴款凭据，一联留财会部门作收款入账凭证。

表3－6　　商品销售收入缴款单

缴款部门：食品柜　　2019年9月10日

款项类别	张数	应缴金额	实缴金额	长款	短款	备注
现金		13 318.80	13 318.80			
其中：票面100元	60		6 000.00			
票面50元	100		5 000.00			
票面20元	60		1 200.00			
票面10元	80		800.00			

续表

款项类别	张数	应缴金额	实缴金额	长款	短款	备注
票面 5 元	40		200.00			
票面 2 元	30		60.00			
票面 1 元	50		50.00			
角票、分币			8.80			
信用卡	10	7 800.00	7 800.00			
转账支票	2	2 200.00	2 200.00			
合计		23 318.80	23 318.80			
缴款金额：人民币（大写）贰万叁仟叁佰壹拾捌元捌角整						

2. 日常销售业务的核算

（1）在日常销售业务中，每天营业结束后，由收款员填写或打印“商品销售收入缴款单”，连同所收款项交至财会部门，财会部门根据各营业柜组的“商品销售收入缴款单”，汇总编制“商品销售货款情况表”，并进行销售核算。

业务 4　日常销售业务核算

【业务资料】

浩天百货商店是信用卡特约单位，信用卡结算手续费为 2%。9 月 10 日，财会部门根据各营业柜组交来的“商品销售收入缴款单”、现金、签购单和转账支票，汇总编制“商品销售货款情况表”（见表 3－7），根据签购单编制计汇单，填写现金送款单、进账单，与现金、转账支票一并送存银行。

表 3－7　　商品销售货款情况表

2019 年 9 月 10 日

商品柜组（类别）	销售金额	现金	信用卡	转账支票	现金溢缺
电器	13 600.00	6 600.00	7 000		
食品	13 318.80	3 318.80	7 800	2 200	
综合	12 600.00	7 600.00	5 000		
合计	39 518.80	17 518.80	19 800	2 200	

【业务分析】

9 月 10 日，出纳员已将计汇单、现金送款单、进账单与现金、转账支票一并送存银行，会计人员根据相关单据将销货收入记“银行存款”。信用卡结算手续费按 2% 计算记入“财务费用”。

财务费用＝19 800×2%＝396（元）

银行存款＝39 518.80－396＝39 122.80（元）

或＝17 518.80＋19 800－396＋2 200＝39 122.80（元）

【业务核算】

会计人员根据商品销售收入缴款单、商品销售货款情况表、银行特约单位 POS 清单、“进账单”“现金送款单”进行账务处理，见表 3 –8。

表 3 –8

日期	业务摘要	账务处理	附件名称
9 月 10 日	销售商品	借：银行存款 39 122. 80 财务费用——手续费 396. 00 贷：主营业务收入 39 518. 80	商品销售收入缴款单、商品销售货款情况表、银行特约单位 POS 清单、进账单、现金送款单

提示：在实际工作中，对采用信用卡结算款项的会计处理有不同做法。(1) 单位对信用卡结算的款项可先通过“应收账款”核算，待银行到账时转“银行存款”。(2) 单位对银行收取的信用卡结算手续费，根据定期收到的银行特约单位 POS 清单记入“财务费用”。

(2) 为了简化核算，百货商店平时在“主营业务收入”账户中反映的是含税的零售收入，期末再将含税销售收入调整为不含税的销售收入，将销项税额从销售收入中分解出来。

业务 5 应交增值税的核算

【业务资料】

浩天百货商店 9 月份零售收入 127 998 元。9 月 30 日进行销项税额分解。应交增值税计算表见表 3 –9。

表 3 –9 应交增值税计算表

商品柜组（类别）	含税销售收入	不含税销售收入	应交增值税
电器	33 342	29 506. 19	3 835. 81
食品	44 324	39 224. 78	5 099. 22
综合	50 332	44 541. 59	5 790. 41
合计	127 998	113 272. 56	14 725. 44

【业务分析】

从应交增值税计算表可知，本月从销售收入中分解出销项税额为 14 725. 44 元。

【业务核算】

会计人员根据应交增值税计算单进行账务处理，见表 3 –10。

表 3 –10

日期	业务摘要	账务处理	附件名称
9 月 30 日	分解销项税额	借：主营业务收入 14 725. 44 贷：应交税费——应交增值税（销项税额） 14 725. 44	应交增值税计算单

（3）商品销售成本的计算和结转。月末，按进价结转已销商品成本，借记“主营业务成本”，贷记“库存商品”。

3. 商品销售长短款的核算。百货商店设有专人收款或由营业员直接收款作柜台记录，每日营业终了，将销货凭证与所收货款核对。出现实收销货款大于应收销货款，称为长款；出现实收销货款小于应收销货款，称为短款。当发生销货长短款时应在“商品销售收入缴款单”上注明。发生长短款差错应填写“销售长（短）款报告单”。

对于数额较少的销货长短款，经负责人核定后可直接作收益或损失处理，也可集中月末处理；对于数额较大的销货长短款，在未有查明原因前，先记入“待处理财产损溢”账户，查明原因后，根据不同情况进行会计处理。

业务6　商品销售短款的核算

【业务资料】

9月10日，浩天百货商店食品柜实收13 258.80元，应收13 318.80元，短款60元。9月12日查明原因，销售长（短）款报告单见表3－11。

表3－11　　**销售长（短）款报告单**

柜组：食品柜　　2019年9月10日

应收金额：13 318.80元	实收金额：13 258.80元	长款金额：	短款金额：60元
原因	收款人李洪少收。		
审批意见	李洪赔偿80%，其余作销售费用核销。 2019.09.12　陈斌		

企业主管：陈斌　　会计：谢兰　　经手人：李洪

【业务分析】

销售短款60元先记入“待处理财产损溢”账户，查明原因后，李洪赔偿48元记“其他应收款”，其余12元核销销售费用。

【业务核算】

会计人员根据销售长（短）款报告单进行账务处理，见表3－12。

表3－12

日期	业务摘要	账务处理	附件名称
9月10日	发现销售短款	借：待处理财产损溢——待处流动资产损溢　60 　贷：库存现金　60	销售长（短）款报告单
9月12日	查明短款原因	借：其他应收款——李洪　48 　销售费用——销售短款　12 　贷：待处理财产损溢——待处流动资产损溢　60	销售长（短）款报告单

4. 以旧换新业务的核算。百货商店的以旧换新业务，是指在销售商品的同时回收所售商品相同的旧商品。在这种情况下，销售的商品按照销售处理，回收的商品作购进处理。

业务7 以旧换新业务核算

【业务资料】

浩天百货商店10月8日发生家电以旧换新业务。销售海尔空调1台，每台2 500元，同时以300元回收同类旧空调。

【业务分析】

以旧换新销售，销售的商品按照销售处理，按照销售价格与回收同类商品金额记“主营业务收入”，回收的商品回收金额作购进处理，记“库存商品”。

【业务核算】

会计人员根据商品销售收入缴款单、商品销售购销发票进行账务处理，见表3－13。

表3－13

日期	业务摘要	账务处理	附件名称
10月8日	以旧换新销售	借：库存现金 2 500 库存商品——（电器）海尔空调 300 贷：主营业务收入 2 800	商品销售收入缴款单、销售发票、购买发票

（四）商品储存的核算

百货商店对自营的商品实行数量进价金额核算，商品储存的核算比照批发企业的业务处理。

对于百货自营商品，仓管员对仓库实物安全负责，柜台销售人员对领出待销售的商品安全负责。仓库可设置“领出销售登记簿”，登记摆放在柜台待销售的商品数量；销售人员建立实物台账进行记录，每日按实际售出数量补充柜台数量；财会部门按实际售出数量填制出货单，并做出相关的账务处理。

二、联营销售业务核算

商品流通的主要业务过程应该是先购入商品，然后进入商品存储阶段，并同时实施商品的销售。但是，在现行市场经济环境下，从事商品流通的企业之间的竞争激烈，企业为加快资金周转速度、减少资金占用、提高资金使用效率，实行了“引厂进店”的新经营模式，也即由“自营”变为“联营”方式。

提示：“引厂进店”有两种模式，一种是本任务所讲的“联营”模式，另一种模式是出租柜台或其他经营场所，从商品入店到销售均由供应商负责，商品流通企业（百货商店）按期收取场租。

（一）联营销售的特点

联营经营方式相比自营经营方式，具有以下特点：

（1）百货商店一般不需要先购进商品，只需提供商品销售的场所，不收取场租，通过“扣点”方式直接参与供应商的收益分成。

（2）减少了百货商店库存商品管理环节。商品的进货、存储均由供应商自行负责，百货商店只需要对商品库存的安全负责。在该种经营方式下，百货商店账面中“在途物资”“库存商品”等账户的期末余额较少，甚至为零。

（3）商品销售人员或导购人员一般是由供应商配备，百货商店的人员只需要从事销售的辅助工作，不直接参与商品的销售工作。

（4）销售货款的结算是由百货商店设置收款台，派专人收款。

（5）百货商店与商品提供者之间存在“先销售后结算”的关系。

拓展阅读

在联营商品经营方式中，商品流通企业不需要将大量的资金积压在商品上，回避了资金周转不畅现象的出现，同时还可以保证企业按期实现经营利润。所以，“引厂进店”可以说是一种“旱涝保收”的经营模式，联营商品的经营方式在我国已经被许多大型商品零售企业采纳和使用。

（二）联营销售的业务流程

联营销售业务流程如图 3－1 所示。

图 3－1　联营销售业务流程

第一步，选择商品供应商。选择合适的商品供应商是实行联营方式的基本前提。

第二步，商品销售款管理。在商品销售过程中，百货商店负责联营商品的销售收款工作，并确保无误。

第三步，计算应付款项。百货商店在每月月末（或约定日期）汇总当期商品销售额，按约定的扣点比例计算应返还供应商的款项。

第四步，联营结算对账。百货商店计算的应返还的款项与供应商进行核对。

第五步，支付联营结算款。百货商店与供应商对返款额核对无误后，支付联营款给供应商。

（三）联营销售业务的核算

联营销售方式被百货商场广泛采用。百货商场对联营销售采用数量进价金额核算法。其会计核算流程如下：

（1）联营商品发送至百货商店，百货商店不需要作购进及验收入库的账务处理。

（2）商品出售时，由销售人员填写一式三联的销货凭证；收银员收款后，在销货凭证上加盖“收讫”戳记，打印一式两联的销售清单；销售人员凭收讫货款凭证和销售清单办理发货。

（3）每日营业终了，各柜组收银员打印出本柜全部收款记录，编制“收款汇总表”，与货款及留存的销货凭证核对后交出纳员汇总，由出纳员将现金送存银行。

（4）会计人员根据“收款汇总表”和销货凭证编制“销货日报表”，列明联营商品当日的销售数量、销售金额等内容，并交销售人员核对实物台账。

（5）会计人员根据核对无误的“销货日报表”“收款汇总表”等原始凭证确认销售收入并做出账务处理。“销货日报表”见表3-14。

表3-14 销货日报表

2019年9月30日

柜组	商品编号	商品名称	销售数量	销售金额	备注
服装	022483	连衣裙	15	14 400	
	022484	衬衣	20	800	
	⋮	⋮	⋮	⋮	
合计				230 000	

（6）月末，百货商店分联营企业（厂家）、分柜组累计全月实际销售额，编制“销售收入汇总表”。由营业部门与联营企业核对。

（7）月末，根据实际销售额及联营合同规定条款编制“联营商品返款明细表”进行销售分成。“联营商品返款明细表”见表3-15。

表3-15 联营商品返款明细表

2019年9月31日

编号	商品（厂家）	本月销售额	保底销售额	扣点率	超额销售	扣点率	留利	返款	备注
	多美公司	500 000		20%			100 000	400 000	
	合计						100 000	400 000	

（8）企业将“联营商品返款明细表”中的计算结果与联营企业进行核对。会计人员补记已销商品入库业务，并同时结转已销商品成本。

（9）联营企业收到结算对账单时确认销售收入，向百货商店开具增值税专用发票。百货商店收到增值税专用发票后，办理付款、补记增值税进项税额。

业务8 联营销售业务核算

【业务资料】

浩天百货商店与多美公司签订了“引厂进店”的联营协议。每月末进行货款结算，扣点率为20%。

（1）9月29日，根据“收款汇总表”和销货凭证编制的“销货日报表”，联营商品当日实现销售额55 000元，收到的现金15 000元已送存银行，收到工商银行卡29 000元，中国银行卡11 000元。

（2）9月30日，全月销售50万元，分解销项税额。

（3）9月30日，计算并确认多美公司金额和留利金额，同时结转已销商品成本。

（4）9月30日，百货商店每月向多美公司收取综合管理费800元，开出增值税专用发票。

（5）10 月 3 日，百货商店支付返回多美公司金额，收到多美公司开来的增值税专用发票，价款 353 982.30 元，税金 46 017.70 元。

【业务分析】

（1）浩天百货商店是信用卡特约单位，信用卡结算手续费为 2%。信用卡结算手续费按 2% 计算记入"财务费用"。

财务费用 = 40 000 × 2% = 800（元）

银行存款 = 55 000 − 800 = 54 200（元）

（2）不含税销售收入 = 500 000 ÷（1 + 13%）= 442 477.88（元）

销项税额 = 442 477.88 × 13% = 57 522.12（元）

（3）计算返多美公司金额和留利金额，确认并作进货业务处理，根据返款金额计算不含增值税的进货金额（成本），同时结转已销商品成本。计算：

留利 = 500 000 × 20% = 100 000（元）

返款 = 500 000 − 100 000 = 400 000（元）

不含增值税的进货金额 = 400 000 ÷（1 + 13%）= 353 982.30（元）

（4）向多美公司收取综合管理费记"其他业务收入"。价款 754.72 元，税金 45.28 元。

【业务核算】

会计人员根据收款汇总表、销货日报表、现金送款单等进行账务处理，见表 3 − 16。

表 3 − 16

日期	业务摘要	账务处理	附件名称
9 月 29 日	联营商品当日实现销售	借：银行存款　54 200 　　财务费用　800 　　贷：主营业务收入　55 000	收款汇总表、销货日报表、现金送款单、银行特约单位 POS 清单
9 月 30 日	分解销项税额	借：主营业务收入　57 522.12 　　贷：应交税费——应交增值税（销项税额）　57 522.12	应交增值税计算单
9 月 30 日	确认返款和留利，并作进货处理	借：库存商品——服装　353 982.30 　　贷：应付账款——多美公司　353 982.30	联营商品返款明细表
9 月 30 日	结转已销商品成本	借：主营业务成本　353 982.30 　　贷：库存商品——服装　353 982.30	
9 月 30 日	收取进场商户综合管理费	借：银行存款　800 　　贷：其他业务收入——管理费收入　754.72 　　　　应交税费——应交增值税（销项税额）　45.28	销售发票
10 月 3 日	支付 9 月份返款	借：应付账款——多美公司　353 982.30 　　应交税费——应交增值（进项税额）　46 017.70 　　贷：银行存款　400 000.00	购买发票

上岗体验

资料：浩天百货商店与多乐公司签订了“引厂进店”的联营协议。每月末进行货款结算，扣点率为20%，信用卡结算手续费为2%。

（1）9月29日，根据“收款汇总表”和销货凭证编制的“销货日报表”，联营商品当日实现销售额35 035元，其中收到的现金10 035元已送存银行，收到工商银行卡10 000元，中国银行卡15 000元。

（2）9月30日，全月销售350 322元，分解销项税额。

（3）9月30日，计算并确认返多乐公司金额和留利金额，同时结转已销商品成本。

（4）9月30日，百货商店每月向多乐公司收取综合管理费900元，价款849.06元，税金50.94元。

（5）10月3日，收到供应商开来的增值税专用发票，价款248 015.58元，税金32 242.02元。百货商店支付返回多乐公司金额。

要求：完成浩天百货商店联营业务的账务处理。

拓展阅读

目前，我国百货业普遍采用品牌联营模式，这一模式的运作方式是以招商方式引品牌进店，当商品销路不畅时，由品牌店自行负责。国内百货商场联营扣点模式平均毛利只有12%~15%。如果采用买断商品自我经营或自创品牌，其利润空间将增加，让利促销的空间也会更大。在美国和日本，百货商场主要采用自营模式，税前利润达25%~35%。自营销售可以降低成本，提高商品的差异化程度，满足消费者的个性需求，提高自营商品比例将是行业大势所趋。

资料来源：摘自百度——同质化逼宫百货商场谋自营。

任务二
超市经营业务核算

任务描述

本部分的学习任务是：在超市经营特色下，熟悉对品种繁多的商品购销的业务流程，需要掌握的核算账户和判断购销业务不同结算类型而采取正确核算。

知识准备

一、超市经营的特点

超级市场简称“超市”，起源于国外，是集百货、食品、生鲜、家纺、服纺、家电、文体、鞋帽等商品于一身的购物市场，能一次性容纳较多的消费者，拥有停车场。很多超市实行量贩式购物，大宗团购十分便利，顾客在超市里面能够随心所欲的选购，出门结账再付款，让消费者能够完全自主，这是不同于一般市场的一个特点，所以被称为“超级市场”。

和批发企业的商品流转比较，超市有自己的经营特点，主要是：

（1）超市多属综合经营，商品的品种和规格多而复杂，商品的库存量较低，且周转速度较快，有较大的库存面积，存货品种多、数量大；

（2）超市的销售对象是广大消费者，交易数量零星，交易额小而次数频繁，超市送货接货的时效性很强，入库手续较正规、复杂；

（3）超市是多种经营，兼营外包、租赁服务等业务；

（4）销售流动速度快，结算方便及时。

二、超市经营的业务流程

超市每天都发生大量的商品交易，交易结算的方式主要有现金、信用卡转账、提货券等等，超市经营业务流程如图 3－2 所示。

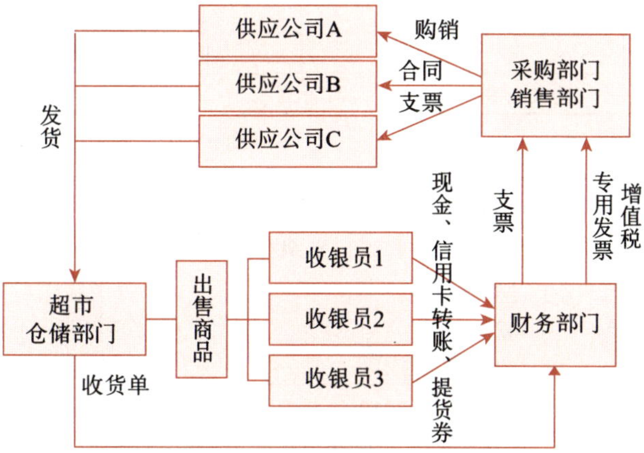

图 3－2　超市经营的业务流程

流程说明：

（1）财务部门按业务部门的购销合同和借支单，开出支票，交给采购人员办理相关业务。

（2）采购人员按签订购销合同所购买商品的数量和单价，支付支票给供货方，供货方开出增值税专用发票，并填制发货单一式数联，其中抵扣联交给采购员；采购员取回的增值税专用发票交到财务部门。

（3）按时间要求在指定的地点和时间，收到供应商发来的商品，在一式数联收货单上签字。

（4）仓储人员收到商品并验收无误后填写入库单，并交记账联给财务部门。

（5）顾客购买商品，以现金、信用卡、提货券等方式支付货款，收银员交班时点清现金和信用卡转账签名的银联记录单、提货券、商品销售明细单和记录表一起转交给财务部门。

三、超市经营业务的核算

（一）超市商品购进业务核算

一般情况下，超市采购商品的品种多，结算的方式按合同的规定，各有不同，主要有转账支票、银行本票、银行汇票、托收承付等方式，进行经济业务核算处理时，通过“商品采购”“库存商品”“银行存款”“应付账款”“应付票据”“应交税费——应交增值税（进项税额）”等账户核算。

业务9　商品购进业务核算

【业务资料】

9月11日，鸿兴超市购入乐乐牛奶200箱，取得销货方开出增值税专用发票，货款为6 600元，增值税额为858元、收货单（见表3－17）；同时开出银行转账支票（见表3－18）向销货方支付货款。

表3－17

收　货　单

2019年9月14日　　　　　№：S0901

供应者：广州市乐乐牛奶有限公司							发票号码：No 0987656756							
编号	商品（材料）名称	规格	送验数量	实收数量	单位	单价	金额							
							十	万	千	百	十	元	角	分
23	乐乐牛奶		200	200	箱	33			6	6	0	0	0	0
								¥	6	6	0	0	0	0
备注			验收人签章		李小月		合计 ¥6 600.00							

第三联：记账

会计：　　出纳：　　复核：　　记账：　　制单：陈洁

表3－18

中国工商银行支票存根（粤）

EC

02

附加信息

出票日期2019年9月11日

收款人：	广州市乐乐牛奶有限公司
金　额：	¥7 458.00
用　途：	货款

单位主管：冯威　会计：梁丽

【业务分析】

9月11日，鸿兴超市购进牛奶，按国家规定支付13%的增值税额，开出工商银行转账支票一张支付货款。9月14日，库存仓库人员收到广州市乐乐牛奶有限公司送来的200箱牛奶，验收核对无差错，填制收货单。

【业务核算】

会计人员根据收货单、支票存根联进行账务处理（见表3－19）。

表3－19

日期	业务摘要	账务处理	附件名称
9月14日	购进商品已入库	借：库存商品——乐乐牛奶　6 600 应交税费——应交增值税（进项税额）　858 贷：银行存款　7 458	1. 入库单 2. 转账支票存根联 3. 销售发票

（二）超市商品销售核算

超市的商品经营方式通常分为四类：联营、代销、自主经营、柜台租赁。本节只介绍自主经营方式的会计核算，本部分主要分为现金、信用卡两种结算核算方式。

1. 超市销售商品，结算方式：现金。消费者在超市中购买商品，大约超过50%顾客会选择使用现金结账，超市财会部门每天从多位收银员的手中收接大量的现金，财务人员根据超市财务规章制度规定进行正规操作。

业务10　销售商品业务核算（现金结算）

【业务资料】

9月15日，鸿兴超市东鸣分店的日营业额达到234 694元，其中收到69 480元现金收入，现金移交清单和商品销售日报汇总表（见表3－20）、现金交款单（见表3－21）、现金移交清单（见表3－22）和业务部门开出的销售发票若干张（略）。

表3－20　　商品销售日报汇总表（现金收讫）

分店：东鸣　　2019年9月15日　　收银员：陈小梅

编号	柜组	含税金额	税率	不含税金额	税额
1001	家电柜组	29 380	13%	26 000	3 380
1002	农副食品柜组	8 720	9%	8 000	720
1003	生鲜柜组	3 270	9%	3 000	270
⋮	⋮	⋮	⋮	⋮	⋮
1010	百货柜组	13 560	13%	12 000	1 560
合计		69 480		62 000	7 480

会计：　　出纳：　　复核：　　记账：　　制单：陈洁

表3－21　　现金交款单

币别：人民币　　2019年9月15日　　流水号：23689

<table>
<tr><td rowspan="4">单位填写</td><td>收款单位</td><td>广州市鸿兴超市</td><td colspan="4">交款人</td><td colspan="7">王冬</td></tr>
<tr><td>账号</td><td>3344556630</td><td colspan="4">款项来源</td><td colspan="7">东鸣店营业额</td></tr>
<tr><td rowspan="2">（大写）</td><td rowspan="2">陆万玖仟肆佰捌拾元整</td><td>亿</td><td>千</td><td>百</td><td>十</td><td>万</td><td>千</td><td>百</td><td>十</td><td>元</td><td>角</td><td>分</td></tr>
<tr><td></td><td></td><td></td><td>¥</td><td>6</td><td>9</td><td>4</td><td>8</td><td>0</td><td>0</td><td>0</td></tr>
<tr><td>银行确认栏</td><td colspan="13">现金回单　中国工商银行股份有限公司 ★广州市东山支行★ 业务办理章2019.09.15</td></tr>
</table>

表 3 - 22 现金移交清单

单位：鸿兴超市

移交时间	移交金额	移交人签名	接收人签名	备注
2019 - 09 - 15	69 480	王冬	张梅	已交存银行

【业务分析】

会计人员收到出纳员交来的“现金移交清单”“现金交款单”同时收到销售部门交来的当天“商品销售日报汇总表”和“国家税务总局通用机打发票”若干张，进行商品销售，先收到现金，后缴纳银行账务处理。

【业务核算】

会计人员根据取得的现金移交清单、商品销售日报汇总表、现金交款单、国家税务总局通用机打发票若干张等进行账务处理（见表 3 - 23）。

表 3 - 23

日期	业务摘要	账务处理	附件名称
9 月 15 日	超市销售商品收到现金	借：库存现金 69 480 贷：主营业务收入 62 000 应交税费——应交增值税（销项税额） 7 480	1. 销售发票 2. 现金移交清单 3. 商品销售日报汇总表
9 月 15 日	现金交存银行	借：银行存款 69 480 贷：库存现金 69 480	现金交款单

2. 超市销售商品，结算方式：信用卡。在超市购买商品的顾客，也很喜欢用信用卡进行结算，方便快捷，不用找零，也不必携带大量的现金，但每次用信用卡消费，超市都要向银行支付一笔手续费用，并且超市不能马上收到货款。通过“应收账款”“主营业务收入”“应交税费——应交增值税（销项税额）”核算发生的手续费，在月末支付给银行时，借“财务费用”，贷“银行存款”等。

业务 11 销售商品业务核算（信用卡结算）

【业务资料】

9 月 15 日，鸿兴超市东鸣分店的日营业额达 234 694 元，其中收到 138 672 元联银刷卡结账，收银员移交联银卡结算清单（见表 3 - 24）和商品销售日报汇总表（见表 3 - 25）给会计人员。

表 3 - 24 联银卡结算清单（信用卡结账）

单位：鸿兴超市

移交时间	移交金额	移交人签名	接收人签名	备注
2019 - 09 - 15	138 672	王冬	张梅	已核对

表 3－25　　商品销售日报汇总表（信用卡收讫）

分店：东鸣　　2019 年 9 月 15 日　　收银员：陈小梅

编号	柜组	含税金额	税率	不含税金额	税额
1001	家电柜组	61 074	13%	52 200	6 786
1002	农副食品柜组	17 205	9%	15 500	1 395
1003	生鲜柜组	6 993	9%	6 300	567
⋮	⋮	⋮	⋮	⋮	⋮
1010	百货柜组	30 420	13%	26 000	3 380
合计		138 672		123 500	15 172

会计：　　出纳：　　复核：　　记账：　　制单：陈洁

【业务分析】

本业务跟上一个业务是同一天发生，只不过是使用不同的结算方式，会计人员进行账务处理时就有所区别，由于通过用信用卡结算，银行还要收取一定比例的手续费，由超市承担这部分的费用，这些费用通过“财务费用”账户处理，月末一次性支付，平时销售时不用记账。另外，信用卡结账表明要通过银行确认后货款才能转入超市财务账户，用“应收账款”账户。

【业务核算】

会计人员根据增值税专用发票、商品销售日报汇总表、联银转账记录单进行账务处理（见表 3－26）。

表 3－26

日期	业务摘要	账务处理	附件名称
9 月 15 日	销售商品，刷卡结账	借：应收账款　138 672 　贷：主营业务收入　123 500 　　应交税费——应交增值税（销项税额）　15 172	1. 商品销售日报汇总表 2. 联银转账记录单 3. 销售发票

四、提货券的核算

提货券是零售企业在未发生销货的情况下，先行收取顾客的货款的一种储值卡。顾客取得提货券后，在购物结账时，只在其金额限额内可以多次用其支付款项办理结账。超市销售发行提货券可以集聚大量资金，可以加快收银速度，还可以锁定消费者。

（一）售出提货券

单位或个人到超市购买提货券，超市销售提货券，清点提货券的张数，认清卡面金额，卡面注明使用的期限、范围，收齐买方的货款。

业务 12　销售提货券的核算

【业务资料】

9 月 4 日，鸿兴超市销售部门销售出一批提货券（见表 3－27），收到现金 29 000 元和转账支票 105 000 元。

表 3－27　　出售提货券清单

面额	张数	金额	结算方式
50	100	5 000	转账支票
50	400	20 000	现金
100	200	20 000	转账支票
100	90	9 000	现金
150	200	30 000	转账支票
500	100	50 000	转账支票
合计	1 090	134 000	—

会计：　　出纳：　　复核：　　记账：　　制单：陈洁

【业务分析】

对于超市来说，销售提货券也是一种提前收到货款，只是商品还暂且放在超市里。本次售出提货券中，收到现金 29 000 元，银行转账支票为 105 000 元，共计134 000元。通过“库存现金”“银行存款”“预收账款”等账户进行会计处理。

【业务核算】

会计人员根据出售提货券的清单、银行进账单进行账务处理（见表 3－28）。

表 3－28

日期	业务摘要	账务处理	附件名称
9 月 4 日	售出提货券	借：银行存款　105 000 　　库存现金　29 000 　　贷：预收账款　134 000	1. 出售提货券清单 2. 进账单

（二）超市销售商品，结算方式：提货券

顾客在超市自选商品，结算时使用提货券，收银人员输入结算方式是提货券，当提货券的金额已使用完时，收取顾客的提货券，并把提货券放好，移交到财务部门时，进行结算、核对。

业务 13　销售商品业务核算（提货券结算）

【业务资料】

9 月 15 日，鸿兴超市东鸣分店的日营业额达到 234 694 元，其中收到 26 542 元提货券结账，收银员移交提货券，并登记提货券回收汇总表（略）和商品销售日报汇总表（见表 3－29）给会计人员。

表 3－29 商品销售日报汇总表（提货券收讫）

分店：东鸣 2019 年 9 月 15 日 收银员：陈小梅

编号	柜组	含税金额	税率	不含税金额	税额
1001	家电柜组	6 084	13%	5 200	676
1002	农副食品柜组	2 220	9%	2 000	180
1003	生鲜柜组	1 332	9%	1 200	108
⋮	⋮	⋮	⋮	⋮	⋮
1010	百货柜组	2 340	13%	2 000	260
合计		26 542		23 000	3 542

会计： 出纳： 复核： 记账： 制单：陈洁

【业务分析】

商品销售，超市收到提货款结算，原先销售提货券时，贷记“预收账款”账户，而现在按提货券结算时，“预收账款”放在借方，表示超市的负债减少。贷方还是使用“主营业务收入”和“应交税费——应交增值税（销项税额）”账户等。

【业务核算】

会计人员根据商品销售日报汇总表（提货券收讫）和提货券回收汇总表进行账务处理。见表 3－30。

表 3－30

日期	业务摘要	账务处理	附件名称
9 月 15 日	销售商品，提货券结算	借：预收账款 26 542 贷：主营业务收入 23 000 应交税费——应交增值税（销项税额） 3 542	1. 销售发票 2. 提货券回收汇总表

提示：超市在销货收银时，一般都会舍弃分位数，对于顾客购货款的尾数部分不予收取，让利给顾客，所以即便收银员没有出现收款失误，也会出现找零差异。这部分的损失作为“销售费用”处理，一般控制在5‰之内，超过的部分则要追究收银员的责任，通过“其他应收款”进行处理。

任务三
连锁经营业务核算

任务描述

本部分的学习任务是：认识连锁经营的特点，掌握连锁经营的核算。

知识准备

连锁经营，是指经营同类商品或服务的若干个企业，以一定的形式组成一个联合体，在整体规划下进行专业化分工，并在分工基础上实施集中化管理，把独立的经营活动组合成整体的规模经营，从而实现规模效益的一种经营模式。

一、连锁经营的特点

1. 连锁经营把分散的经营主体组织起来，进行专业化经营，形成规范化管理。连锁经营企业由总部、门店和配送中心组成，统一店名店貌，统一广告、信息，统一进货，统一核算，统一库存，进行标准化管理，使消费者在商品质量上可以得到保证，容易产生定向消费信任或依赖。

2. 连锁经营都要建立统一的配送中心，节省流通费用减低成本。连锁经营在对外采购时采用集中采购方式，与生产企业或副食品生产基地直接挂钩，减少进货环节，降低采购费用；同时采购量大可加强其议价能力取得低价进货的优势，有效减低采购成本。

3. 连锁经营充分把握并利用信息流。面对散处各地的连锁分店，总部必须使所有销售前台和后台支持机构实时地共享信息。总部管理机构必须对连锁店实施“零距离”管理，实现对所有业务环节的实时监控，并对这些方面所涉信息予以实时记录和深度分析。

二、连锁经营的形式

连锁经营包括三种形式：直营连锁、加盟连锁和自愿连锁。

1. 直营连锁。直营连锁是世界上最早出现的连锁形式，也是连锁经营的基本形态。直营连锁是指连锁公司的店铺均由公司总部全资或控股开设，在总部的直接领导下统一经营。总部采取纵向的管理方式，直接下令掌管所有的店铺，对各店铺实施人、财、物及商流、物流、信息流等方面实施统一经营，零售点也毫无疑问地必须完全接受总部的指挥。

2. 加盟连锁。加盟连锁，也称“特许加盟”，即由拥有技术和管理经验的主导企业把自己开发的产品、服务的营业系统（包括商标等企业形象、经营技术、营业场合等），以合同形式授予加盟店在规定范围经营。加盟连锁店与主导企业签订合同，主导企业指导传授加盟店各项经营的技术经验，并收取一定比例的权利金及指导费，加盟店取得使用总部的商标、商号、经营技术及销售总部开发商品的特许权。

3. 自愿加盟。自愿加盟，即自愿加入连锁体系的商店。这种商店由于是原已存在，而非开店伊始就由连锁总公司辅导创立，所以在名称上应有别于加盟店。自愿加盟体系中，各自的资产所有权关系不变，商品所有权是属于加盟主所有，而运作技术及商店品牌则归总部持有。

目前我国主要的经营形式有直营连锁和加盟连锁，因此本任务也只介绍这两种连锁经营的业务核算。

三、直营连锁业务的核算

直营连锁的各连锁店同属于一个投资主体，实行进货、价格、配送、管理、形象等方面的统一，总部对分店拥有全部所有权和经营权，统一核算。但直营连锁的管理模式有“总部—分店”和“总部—地区总部—分店”两种，在不同管理模式下其会计核算也有所不同。

1. 实行“总部—分店”管理模式

实行“总部—分店”管理模式，由总部设置会计机构对各分店的经营过程进行会计核算；分店实行报账制，不设会计人员，只设核算员。实行“总部—分店”管理模式的核算要点见表 3－31。

表 3－31 “总部—分店”管理模式核算要点

项目		核算要点
会计机构设置		总部设置会计机构配置会计人员，分店不设置会计机构只设核算员
库存商品核算	一般情况下	总部实行“数量进价金额核算法”，分店实行“售价金额核算法”，鲜活商品实行“进价金额核算法”
	计算机联网管理	总部和分店可同时采用“单品进价核算法”
总部向分店配送时		总部不作销售，分店不作购进，只作移库处理
分店出售商品时		分店将销售收入全额上缴总部，总部进行确认收入的账务处理
分店日常费用开支		采用“定额备用金”

业务 14 直营连锁业务核算（总店—分店）

【业务资料】

惠民超市是连锁零售企业，由总部、配送中心及河西、河东、道里三个分店组成，总部、配送中心及分店实行计算机联网，统一使用信息管理系统对商品的进销存进行管理。惠民超市 3 月份发生如下会计事项：

（1）1 日，签发 2 000 元支票将定额备用金拨付道里分店。

（2）3 日，配送中心采购餐具一批，货款 23 万元，增值税额 29 900 元，价税款已通过汇兑方式划付。

（3）6 日，配送中心向三家分店配送商品，分别是河西分店 6 万元、河东分店 7.5 万元、道里分店 9 万元。

（4）8 日，各分店销售商品，销售数据通过信息管理系统传回总部财会部门（见表 3－32）。

表 3－32 销售情况汇总表

分店名称	不含税销售收入	销项税额	收到款项	销售成本
河西分店	67 000	8 710	75 710	40 000
河东分店	75 000	9 750	84 750	45 000
道里分店	89 000	11 570	100 570	53 000
合　计	231 000	30 030	261 030	138 000

（5）15 日，道里分店核算员汇总报销分店费用，以现金补足定额备用金，共发生维修费 280 元，搬运装卸费 500 元。

【业务分析】

由于惠民超市实行计算机联网，信息管理系统对商品的进销存已有详细记录，库存商品账户只需按配送中心和分店开设明细账核算。

【业务核算】

会计人员根据发票、结算单据等原始凭证进行账务处理（见表3－33）。

表3－33

日期	业务摘要	账务处理			附件名称
3月1日	拨付备用金	借：其他应收款——道里分店	2 000		1. 支票存根
		贷：银行存款		2 000	2. 收据
3月3日	采购餐具	借：库存商品——配送中心	230 000		1. 销售发票发票联
		应交税费——应交增值税（进项税额）	29 900		2. 支票存根
		贷：银行存款		259 900	
3月6日	向分店配送商品	借：库存商品——河西分店	60 000		库存商品调拨单
		——河东分店	75 000		
		——道里分店	90 000		
		贷：库存商品——配送中心		225 000	
3月8日	销售商品	借：银行存款	261 030		1. 销售发票销售联
		贷：主营业务收入——河西分店		67 000	2. 销售汇总表
		——河东分店		75 000	
		——道里分店		89 000	
		应交税费——应交增值税（销项税额）		30 030	
3月8日	结转销售成本	借：主营业务成本——河西分店	40 000		销售成本汇总表
		——河东分店	45 000		
		——道里分店	53 000		
		贷：库存商品——河西分店		40 000	
		——河东分店		45 000	
		——道里分店		53 000	
3月15日	报销分店费用	借：管理费用	780		1. 维修发票
		贷：库存现金		780	2. 搬运发票

2. 实行“总部—地区总部—分店”管理模式

跨地区的连锁经营企业可以实行“总部—地区总部—分店”管理模式，地区总部在总部的监督下独立核算，形成总部和地区总部二级管理制度。实行“总部—地区总部—分店”管理模式的核算要点见表3－34。

表3－34 “总部—地区总部—分店”管理模式核算要点

项目	核算要点
会计机构设置	总部和地区总部均设置会计机构，配置会计人员，独立核算
采购及配送商品时	总部统一采购然后配送到地区总部，配送时总部作商品销售处理，地区总部作商品购进处理
出售商品时	地区总部出售商品时作为地区总部的销售收入

业务 15　直营连锁业务核算（总部—地区总部—分店）

【业务资料】

沃华百货实行“总部—地区总部—分店”的管理模式，公司总部下设广州、佛山地区总部，地区总部下设若干门店；采购模式是公司总部统一进货，由总部配送到各门店。配送中心及地区总部所属的门店均利用计算机进行信息系统管理。沃华百货 6 月份发生如下会计事项：

（1）1 日，总部统一购进的商品由配送中心验收，价税款已经通过银行支付。购货清单见表 3 – 35。

表 3 – 35　　进 货 清 单

货品名称	规格	单位	数量	单价	金额	税额
电饭锅	A29	台	100	520.00	52 000	6 760
面包机	B20	台	80	450.00	36 000	4 680
电蒸笼	TR18	台	60	160.00	9 600	1 248
合　计	—	—	—	—	97 600	12 688

（2）2 日，总部配送中心向广州地区总部的国金店、天河店配送商品，价税款尚未结算。配送数量、价格见表 3 – 36、表 3 – 37。

表 3 – 36　　商品配送清单

收货单位：广州国金店　　2019 年 6 月 2 日

货品名称	规格	单位	数量	单价	金额	税额
电饭锅	A29	台	30	568.00	17 040	2 215.20
面包机	B20	台	20	500.00	10 000	1 300.00
电蒸笼	TR18	台	15	176.00	2 640	343.20
合　计	—	—	—	—	29 680	3 858.40

表 3 – 37　　商品配送清单

收货单位：广州天河店　　2019 年 6 月 2 日

货品名称	规格	单位	数量	单价	金额	税额
电饭锅	A29	台	30	568.00	17 040	2 215.20
面包机	B20	台	25	500.00	12 500	1 625.00
电蒸笼	TR18	台	20	176.00	3 520	457.60
合　计	—	—	—	—	33 060	4 297.80

（3）5 日，国金店出售商品，销售款存入广州地区总部（见表 3 – 38）。

表 3-38　　商品销售日结单

收货单位：广州国金店　　2019 年 6 月 5 日

货品名称	规格	单位	数量	单价	金额	税额
电饭锅	A29	台	10	680.00	6 800	884.00
面包机	B20	台	10	598.00	5 980	777.40
电蒸笼	TR18	台	5	199.00	995	129.35
合　计	—	—	—	—	13 775	1 790.75

【业务分析】

公司总部和地区总部分别是独立的会计主体，分别进行会计核算；地区总部管辖所属的各门店，各门店只是地区总部的报账单位。公司总部统一采购商品，然后配送到各门店，配送时公司总部作销售处理，而地区总部则作购进处理。

【业务核算】

（1）公司总部会计人员根据发票、商品配送清单等进行相关账务处理（见表 3-39）。

表 3-39

日期	业务摘要	账务处理	附件名称
6 月 1 日	购进商品	借：库存商品——电饭锅　52 000 ——面包机　36 000 ——电蒸笼　9 600 应交税费——应交增值税（进项税额）　12 688 贷：银行存款　110 288	1. 购买发票 2. 汇兑回单
6 月 2 日	公司总部向门店配送商品（公司总部作销售处理）	借：应收账款——广州总部　73 405.80 贷：主营业务收入——电饭锅　34 080.00 ——面包机　22 500.00 ——电蒸笼　6 160.00 应交税费——应交增值税（销项税额）　8 156.20	1. 配送清单 2. 购买发票

（2）地区总部会计人员根据发票、商品配送清单等进行相关账务处理（见表 3-40）。

表 3-40

日期	业务摘要	账务处理	附件名称
6 月 2 日	公司总部向门店配送商品（地区总部作购进处理）	借：库存商品——电饭锅　34 080.00 ——面包机　22 500.00 ——电蒸笼　6 160.00 应交税费——应交增值税（进项税额）　10 665.80 贷：应付账款——公司总部　73 405.80	1. 配送清单 2. 销售发票销售联
6 月 5 日	门店销售（地区总部作销售处理）	借：银行存款　16 116.75 贷：主营业务收入——电饭锅　6 800.00 ——面包机　5 980.00 ——电蒸笼　995.00 应交税费——应交增值税（销项税额）　2 341.75	1. 销售发票 2. 收款通知

四、加盟连锁业务的核算

加盟连锁经营是目前最流行的一种商业经营经营模式，加盟主导企业与加盟店签订合同后，加盟店在授权范围内进行销售及提供服务，主导企业与加盟店各自独立核算。加盟费、特许权使用费、返点等按合同约定处理，根据不同情况分别通过“其他业务收入”“长期待摊费用”“管理费用”等账户核算。

（一）加盟费的核算

加盟费，是指加盟店支付给主导企业的保证金。有两种处理方式：一种是视为加盟店为取得授权而付出的代价，一次性收取使用费且不作退回处理；另一种是视为押金，在约定的加盟年限到期后，主导企业退回所收取的加盟费。

- 收取加盟费且不退回的，应根据主导企业的经营范围通过“主营业务收入”或“其他业务收入”核算；加盟店则作为开办费通过“长期待摊费用”核算。
- 日后要退还加盟费的，主导企业和加盟店按押金分别通过“其他应付款”和“其他应收款”核算。

（二）特许权使用费的核算

特许权使用费收费方式有固定收费和比例收费两种方式。比例收费一般是以被特许人的营业收入作为计算标准，然后乘以固定比例得出收费额；固定收费是按照一定的期间如每月或每年收取规定的费用。加盟店所支付的特许权使用费作为企业“管理费用”核算，主导企业则通过“其他业务收入”核算。

任务四
便利店及专卖店经营业务核算

任务描述

本部分的学习任务是：理解便利店和专卖店二者的基本区别以及同其他零售商品业务的区别，了解小规模纳税人与一般纳税人划分，掌握小规模纳税人经营状态下的经济业务核算。

知识准备

一、便利店及专卖店经营的特点

便利店和专卖店是中小零售企业通常采取的经营模式，也是零售业态中重要的形式。两者的含义及其特点详见表3－41。

表3－41

项目 \ 类别	便利店	专卖店
概念	是位于居民区附近，以经营即时性商品为主，以满足便利性需求为第一宗旨，采取自选式购物方式的小型零售店	是专门销售某一类、某一种商品或某一个品牌商品的商店或专柜
特点	• 方便快捷，全年365日，每星期7天，每日24小时不停业 • 便利购买，店铺多设在街口，居民出入方便，人流量较大，必需品较为齐全	• 专卖店具有创造消费潮流的特色 • 专卖店极富个性的经营特色 • 某一品牌的商品上做到了系列化 • 专卖店对顾客提供售前、售中和售后一条龙服务

便利店和专卖店是大型百货商店、超级市场的微缩版，其商品的购销存业务可以借鉴百货商店、超级市场的核算模式和方法。

二、增值税一般纳税人和小规模纳税人的划分

增值税纳税人的身份有两类：一类是一般纳税人，另一类是小规模纳税人。一般纳税人销售货物或者应税劳务，应当向索取增值税专用发票的购买方开具增值税专用发票，并在增值税专用发票上分别注明销售额和税额。而小规模纳税人没有在税务部门取得增值税专用发票，故销售商品时不能开具。但若购买方确实需要的，小规模纳税人可以到税务机关申请代开。

按照《财政部、国家税务总局〈关于统一增值税小规模纳税人标准的通知〉》（财税〔2018〕33号），增值税小规模纳税人标准为年应征增值税销售额500万元及以下。

三、便利店及专卖店的核算（以小规模纳税人为例）

便利店及专卖店的共同特点是店铺面积小，所需要的资金较少，规模不大，在核算方面使用小规模纳税人的身份核算更贴近实际。由于便利店和专卖店的经营模式和业务流程相近，本书以便利店作为核算对象，便利店业务流程如图3－3所示。

（一）便利店购进商品核算

小规模纳税人购入货物或接受应税劳务所支付的增值税额应直接计入有关货物及劳务的成本，涉及的账户有："商品采购""库存商品""银行存款""应付账款""应付票据"等。

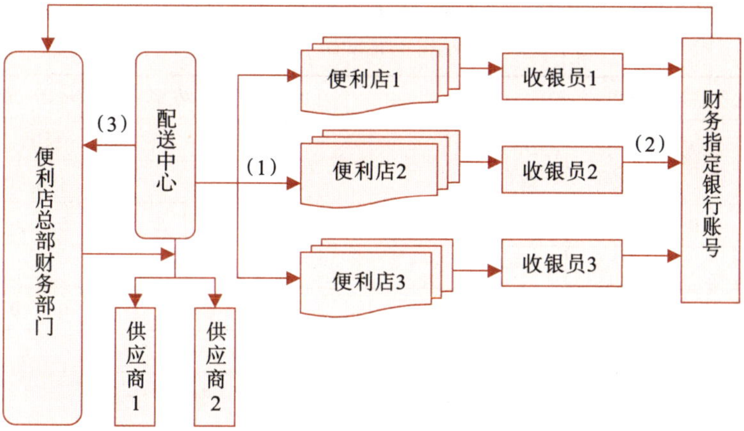

图3－3　便利店业务流程

流程说明：

（1）配送中心每天给不同的便利店送货，便利店工作人员签字收到货品；

（2）各便利店收银人员每天都把营业金额存入财务部门指定的银行账户，财务部门每天收到各个便利店存入的货款和销售清单，登记入账；

（3）采购中心向供应商购买商品，填列采购清单，财务部门与供应商进行货款结算，财务部门根据支付的款项进行登记入账。

业务16　便利店购进商品核算

【业务资料】

天天便利店是小规模纳税人，9月16日用银行存款购进商品一批，取得对方开具的发票，金额为35 100元，开出转账支票（见表3－42）支付货款和收货单（见表3－43）。

【业务分析】

9月16日，天天便利店财务部门收到配送中心仓储负责人交来的收货单，当天开出工商银行转账支票一张支付货款。由于天天便利店是一家小规模纳税人，购进的商品不能抵扣增值税款，税款增加到商品采购的成本中进行处理。

表3－42

中国工商银行支票存根（粤）

EC

02

附加信息

出票日期2019年9月16日

收款人：广州市北元食品有限公司
金　额：￥35 100.00
用途：货款

单位主管：李平　　会计：连平

表 3－43

收　货　单

2019 年 9 月 16 日　　№：S09022

供应者：广州市北元食品有限公司							发票号码：No 0987654329							
编号	商品（材料）名称	规格	送验数量	实收数量	单位	单价	金额							
							十	万	千	百	十	元	角	分
13	香　肠	XB	100	100	箱	35.1		3	5	1	0	0	0	0
							¥	3	5	1	0	0	0	0
备注			验收人签章		赵小曼		合计 ¥35 100.00							

第三联：记账

会计：　　出纳：　　复核：　　记账：　　制单：李暖

【业务核算】

会计人员根据产品销售发票、收货单、支票存根等进行账务处理（见表 3－44）。

表 3－44

日期	业务摘要	账务处理	附件名称
9 月 16 日	购进商品已入库，货款已付	借：库存商品——香肠　35 100 贷：银行存款　35 100	1. 收货单 2. 工商银行转账支票存根联 3. 产品销售发票

（二）便利店销售核算

1. 便利店实现商品销售收入核算。便利店每天收到大量现金，每间分店每天把营业收入存入财务部门所给指定的银行账户，并通过联网把当天销售商品的明细单转发给财务部门。

业务 17　便利店销售商品核算

【业务资料】

9 月 30 日，天天便利店财务部收到三间分店的日营业额 1 710 元，其中收到 A 店 575 元，B 店 642.4 元，C 店 492.6 元。收到三间分店的现金交款单（见表 3－45）和商品销售清单（见表 3－46）。本月销售额汇总表 41 200 元（见表 3－47）。

表 3－45

现 金 交 款 单

币别：人民币　　2019 年 9 月 30 日　　流水号：23689

单位填写	收款单位	天天便利店				交款人		王冬					
	账号	351055800810				款项来源		A 店营业额					
	（大写）	伍佰柒拾伍元整	亿	千	百	十	万	千	百	十	元	角	分
								¥	5	7	5	0	0
银行确认栏	现金回单（银行章）		中国工商银行股份有限公司 ★ 广州市东山支行 ★ 业务办理章2019.09.30										

附：其中 B 店、C 店不陈列出来。

表 3－46　　商品销售清单（现金收讫）

分店：A 店　　2019 年 9 月 30 日　　收银员：王冬

商品名称	时间	数量	单价	金额
面包	06：38	4	2	8
咖啡	07：34	2	5	10
酸奶	07：39	1	2.50	2.50
纯牛奶	08：10	2	2.70	5.40
香脆花生	08：13	1	14.8	14.80
可口可乐	08：19	2	3	6
⋮	⋮	⋮	⋮	⋮
香肠	15：29	3	1.5	4.50
合计	—	—	—	575.00

会计：　出纳：　复核：　记账：　制单：李梅

附：还有其他两张便利店的销售清单，这里省略不标出来。

表 3－47　　本月销售额汇总表　　单位：元

日期 店名	1－10 日	11－20 日	21－30 日	合计
A 店	5 230	4 630	4 030	13 890
B 店	4 528	6 126	5 326	15 980
C 店	3 770	3 576	3 984	11 330
合计	13 528	14 332	13 340	41 200

【业务分析】

便利店财务部门根据当天所收到的营业额的销售清单和现金交款单作销售收入的账务处理。借记“银行存款”，贷记“主营业务收入”，应缴纳的增值税在月末时一次性按本月销售收入倒挤出来。《财政部税务总局关于实施小微企业普惠性税收减免政策的通知》（财税〔2019〕13 号）规定，自 2019 年 1 月 1 日至 2021 年 12 月 31 日，对月销售额 10 万元以下（含本数）的增值税小规模纳税人，免征增值税。本月的营业收入为 41 200 元，免征增值税。

【业务核算】

会计人员根据取得的现金交款单、商品销售清单等进行账务处理（见表 3－48）。

表 3－48

日期	业务摘要	账务处理	附件名称
9 月 30 日	当日销售商品收到货款	借：银行存款　1 710.00 贷：主营业务收入——A 店　575.00 ——B 店　642.40 ——C 店　492.60	1. 现金交款单 2. 商品销售清单
9 月 30 日	符合小微企业普惠性税收减免政策，免征增值税		

2. 销售商品，按进价进行结转成本。小规模纳税人一般业务量不大，金额也较小，月末一次性进行商品销售成本结转，按购入价（包含已支付的税、运费等）进行结转商品成本。

业务 18　便利店结转成本核算

【业务资料】

月末，便利店财务部门根据商品购销一览表（见表 3－49）进行成本结转账务处理。

表 3－49　商品购销一览表

2019 年 9 月 30 日　单位：元

商品名称	进货数量	已售数量	购进单价	销售单价	应结转金额
面包	100	80	1	2.00	80
咖啡	250	230	1.40	5.00	322
酸奶	300	230	1.80	2.50	414
口香糖	480	420	1.30	3.00	546
香肠	500	460	0.50	1.50	230
⋮	⋮	⋮	⋮	⋮	⋮
香烟	280	220	7.80	10	1 716
陈醋	50	35	2.80	5.20	98
合计	—	—	—	—	28 789

会计：　出纳：　复核：　记账：　制单：

【业务分析】

由于天天便利店是一间规模不大的便利店，业务量不是特别多，可以在月末时一次性进行商品成本结转。按购进的成本价进行结转，上面提到，当购入时发生的增值税计入商品的成本中，购成进价的成本，所以结转时也是包含这部分的税款。如表 3－49 中的香肠月末应结转的成本为 $460 \times 0.5 = 230$ 元。

【业务核算】

会计人员根据商品购销一览表和销售清单进行账务处理（见表 3－50）。

表 3－50

日期	业务摘要	账务处理	附件名称
9 月 30 日	商品成本结转	借：主营业务成本 28 789 贷：库存商品 28 789	1. 商品购销一览表 2. 商品销售清单

任务五
鲜活商品核算

任务描述

本部分的学习任务是：掌握鲜活商品的特点，理解鲜活商品销售的核算流程图，学会购、销、存不同业务阶段进行鲜活商品的核算及账务处理。

知识准备

一、鲜活商品的特点

（一）鲜活商品的含义及分类

鲜活商品是指与居民生活相关的新鲜蔬菜、新鲜水果、鲜活水产品、禽畜及其肉类产品，以及时能够到达餐桌上的农副产品。对鲜活商品而言，由于其容易腐烂，不易保鲜，在采购、存放、销售过程中数量、重量会发生正常的损溢。

（二）鲜活商品的特点

1. 商品新鲜，容易变质，损耗大；
2. 经营过程中，经常发生质量等级变化，需要及时清理，数量和售价变动频繁；
3. 季节性强，一般大批进货，零星出售，逢节假日购买集中。

二、鲜活商品的核算方法

为了适应鲜活商品的特点，一般常采用“进价记账、盘存计销”和“进价记账、售价控制”两种进价金额核算方法。本书主要介绍“进价记账、盘存计销”这种核算方法，它是指仅以进价金额反映库存商品的进销存情况的一种核算方法，这种方法核算起来更加简便和实用。

三、鲜活商品业务的核算

鲜活商品主要以购进、销售、储存三种经济业务进行账务处理，其中在购进和销售环节与其他零售商品的账务处理大致相同，只是在购进时不用登记数量，销售货款的结算先通过

"库存现金"，再通过"银行存款"进行处理，期末的商品成本结转与其他零售商品的业务核算有所区别。

（一）鲜活商品购进的核算

鲜活商品购进核算的特点是：商品购入后，按专柜或门市部门设置"库存商品"明细账，只记进价金额，不记数量。所需账户有"在途物资""农产品""应交税费——应交增值税（进项税额）"和"银行存款"等。

业务19　鲜活商品购进核算

【业务资料】

10月11日，乐乐大型超市从沙河批发市场购买一批水果，有苹果、雪梨、葡萄等，收到增值税专用发票，货款为980元，增值税为88.20元，当即签发转账支票付讫。当天水果专柜验收并填制"入库单"（见表3－51）。

表3－51　　入　库　单

收货部门：水果专柜　　2019年10月11日　　编号：2003

名称	产地	单位	数量	单价	金额	备注
苹果	山东	箱		32	320	款已付
雪梨	河北	箱		21	420	款已付
葡萄	新疆	千克		12	240	款已付
合计	—	—	—	—	980	—

负责人：苏冬梅　　经手人：梁燕

【业务分析】

购进鲜活商品不需要登记商品的数量，水果专柜验收水果新鲜商品后，填制"入库单"，其中记账联连同供货单位开具的增值税专用发票一并送交财会部门。财会部门审核无误后，根据增值税专用发票、转账支票存根联和入库单，借记"农产品""应交税费——应交增值税（进项税额）"账户，贷记"银行存款"账户。

【业务核算】

根据采购部门和仓储部门交来的增值税专用发票、转账支票存根联、入库单进行账务处理（见表3－52）。

表3－52

日期	业务摘要	账务处理	附件名称
10月11日	购入商品，支付货款	借：农产品——水果专柜　980.00 应交税费——应交增值税（进项税额）　88.20 贷：银行存款　1 068.20	1. 购买发票 2. 转账支票存根联 3. 入库单

（二）鲜活商品销售的核算

鲜活商品销售一般都是以现金结算，当天营业额以现金方式移交到财务部门，商品销售收入中包含增值税额，核算增值税额时要从商品销售收入中倒挤出来。涉及的账户有“库存现金”“银行存款”“应交税费——应交增值税（销项税额）”和“主营业务收入”等。下面只以水果专柜的销售业务为例，看鲜活商品销售核算流程图（见图3－4）。

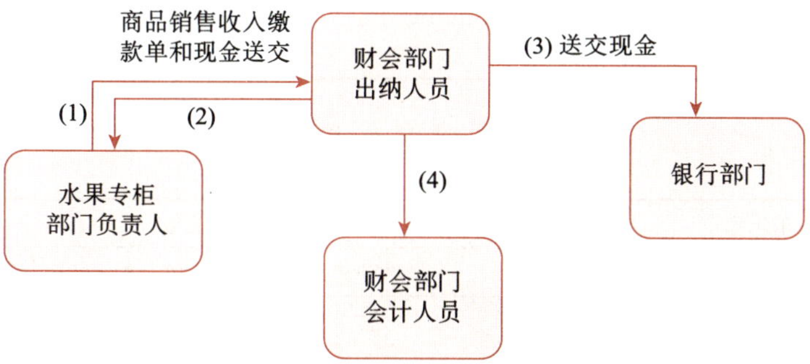

图3－4　鲜活商品销售核算流程图

流程说明：

（1）当天营业结束后，根据实收销货款填制一式数联“商品销售收入缴款单”，连同当天货款一并送交给财会部门的出纳人员；

（2）出纳人员当面清点无误后，在“商品销售收入缴款单”上签收，并加盖现金收讫章，其中一联退回缴款部门留存备查，出纳自留两联；

（3）出纳人员把现金汇总后全部解交银行，并填写“现金交款项单”，并取回单据；

（4）财会部门的会计人员收到出纳人员交来的“商品销售收入缴款单”“现金交款单”和销售部门交来的“商品销售清单”作账务处理。

业务20　鲜活商品销售核算

【业务资料】

18日，乐乐超市水果专柜销售各种水果，财务部门收到商品销售缴款单（见表3－53）、商品销售清单（见表3－54）、现金交款单（见表3－55），销售货款8 720元，增值税税率为9%。

表3－53　　**商品销售缴款单**

缴款部门	缴款日期	缴款负责人	缴款金额
水果专柜	2019年10月18日	苏冬梅	8 720元
收款人签名：王冬	现金收讫		

表 3－54 **商品销售清单**

专柜：水果 2019 年 10 月 18 日

商品名称	单位	数量	单价	金额
苹果	千克	24	12	288
雪梨	千克	25	6	150
葡萄	千克	15	22	330
⋮	⋮	⋮	⋮	⋮
合计	—	—	—	8 720

表 3－55 **现 金 交 款 单**

币别：人民币 2019 年 10 月 18 日 流水号：23689

<table>
<tr><td rowspan="4">单位填写</td><td>收款单位</td><td>乐乐超市</td><td colspan="5">交款人</td><td colspan="6">王冬</td></tr>
<tr><td>账号</td><td>351055800810</td><td colspan="5">款项来源</td><td colspan="6">水果专柜</td></tr>
<tr><td rowspan="2">（大写）</td><td rowspan="2">捌仟柒佰贰拾元整</td><td>亿</td><td>千</td><td>百</td><td>十</td><td>万</td><td>千</td><td>百</td><td>十</td><td>元</td><td>角</td><td>分</td></tr>
<tr><td></td><td></td><td></td><td></td><td>¥</td><td>8</td><td>7</td><td>2</td><td>0</td><td>0</td><td>0</td></tr>
<tr><td>银行确认栏</td><td colspan="13">现金回单（银行章）
中国工商银行股份有限公司
★ 广州市东山支行 ★
业务办理章2019. 10. 18</td></tr>
</table>

【业务分析】

商品销售后，按销售实际取得的销售收入，根据出纳人员交来的“商品销售缴款单”和“商品销售清单”，业务部门交来的增值税专用发票，借记“库存现金”账户，贷记“主营业务收入”账户和“应交税费——应交增值税（销项税额）”账户，根据已在银行办理的“现金交款单”，借记“银行存款”账户，贷记“库存现金”账户，平时无需结转商品销售成本，也不冲减农产品。月末时，一次性进行商品销售成本结转。

【业务核算】

会计人员根据商品销售清单、商品销售缴款单和现金交款单等进行账务处理（见表 3－56）。

表 3－56

日期	业务摘要	账务处理	附件名称
10 月 20 日	销售商品，收到货款	借：库存现金 8 720 贷：主营业务收入——水果专柜 8 000 应交税费——应交增值税（销项税额） 720	1. 商品销售清单 2. 商品销售缴款单 3. 销售发票
10 月 20 日	货款已存银行	借：银行存款 8 720 贷：库存现金 8 720	现金交款单

（三）鲜活商品储存的核算

由于鲜活商品易腐烂和损耗等特点，必须定期进行实地盘点，期末查明实存数量，按最后一次进货的单价计算出期末库存成本，倒挤出本期商品销售总成本金额，结转商品成本时，借记“主营业务成本”账户，贷记“农产品”账户。具体计算公式如下：

本月销售结转成本 = 期初库存余额 + 本期购进金额 - 期末库存余额

期末库存余额 = $\sum$ 最后进货单价 × 盘存数量

业务21 鲜活商品储存核算

【业务资料】

31日，乐乐超市水果专柜负责人进行实地盘点，根据本月期末存货实地盘点报告表（见表3-57）、最后一次购进各类水果入库单（见表3-58）和商品销售成本计算表（见表3-59）。

表3-57 存货实地盘点报告表

日期：2019年10月31日 单位：千克

商品名称	实地盘存数量	商品名称	实地盘存数量
苹果	20	香蕉	21
雪梨	13	菠萝	12
葡萄	16	荔枝	21
火龙果	13	龙眼	16

实地盘点负责人签名：苏冬梅

表3-58 入 库 单

供货单位：沙河水果批发市场 2019年10月29日 金额单位：元

名称	产地	单位	数量	单价	金额	备注
苹果	山东	千克	40	3.50	140	款已付
雪梨	河北	千克	130	2.10	273	款已付
葡萄	新疆	千克	20	8.60	172	款已付
⋮	⋮	⋮	⋮	⋮	⋮	⋮
合计	—	—	—	—	980	—

负责人：苏冬梅 经手人：梁燕

表 3－59

商品销售成本计算表

2019 年 10 月 31 日　　金额单位：元

商品名称	实地盘存数量	最后一次购买单价	期末库存成本	期初库存成本	本月购进金额	本月应结转的成本
苹果	20	3.10	62	53	5 880	5 871
雪梨	13	1.13	14.69	36	2 352	2 373.31
葡萄	16	5.78	92.48	39.98	4 508	4 455.50
⋮	⋮	⋮	⋮	⋮	⋮	⋮
合计	—	—	2 060	2 300	19 600	19 840

【业务分析】

鲜活商品使用的是“进价金额核算法”，特点就是在期末结转已销鲜活商品的成本时，按本月最后一次鲜活商品入库单上的单价进行计价，数量是期末最后一次的盘点实存数量。

比如表 3－59 中的苹果期初成本为 53 元，本月购入总成本为 5 880 元，期末库存金额是用苹果最后入库单价每千克 3.10 元与期末实地盘存重量 20 千克相乘得 62 元，根据公式计算出本月苹果销售结转成本是 53＋5 880－62＝5 871 元。

【业务核算】

会计人员根据存货实地盘点报告表和商品销售成本计算表进行账务处理，见表 3－60。

表 3－60

日期	业务摘要	账务处理	附件名称
10 月 31 日	月末结转商品销售成本	借：主营业务成本——水果专柜　19 840 　贷：农产品——水果专柜　19 840	1. 存货实地盘点报告表 2. 商品销售成本计算表

单元知识要点

- 商品零售的会计处理
  - 百货商店经营业务
    - 自营销售
      - 特点：集中采购，进销分离
      - 采用数量进价金额核算法
      - 需要考虑包装物超重、减重
      - 收款方式
        - 分散收款
        - 集中收款
    - 联营销售
      - 一般不需要先购进商品
      - 减少库存商品管理环节
      - 百货商店主要提供销售辅助工作
      - 销货款由百货商店收款
      - 百货店与供应商之间是“先销售后结算”的关系
  - 连锁经营业务
    - 直营连锁
      - 同属于一个投资主体
      - 管理模式
        - “总部—分店”
          - 分店只设核算员
          - 总部向分店配送商品作移库处理
        - “总部—地区总部—分店”
          - 总部和地区总部独立核算
          - 总部向地区总部配送商品，总部作销售处理，地区总部作购进处理
    - 加盟连锁
      - 主导企业与加盟店各自独立核算
      - 加盟费
        - 一次性收取不退回
        - 视为押金
      - 特许权使用费
        - 固定收费
        - 比例收费
  - 超市经营业务
    - 商品周转速度较快
    - 多种经营，存货品种多
    - 交易数量零星，交易额小而次数频繁
    - 结算方便及时
  - 便利店及专卖店经营业务
    - 购、销、存业务核算可以借鉴百货商店的模式
  - 鲜活商品核算
    - 鲜活商品特点
      - 商品损耗大
      - 经营过程的数量、售价变动频繁
      - 购买力集中
    - 核算方法
      - 进价记账，盘存计销
      - 进价记账，售价控制

单元训练

一、单项选择题

1. 本教材中百货商场采用了（　　）进行核算。
   A. “进价金额核算”　　B. “售价金额核算”
   C. “数量进价金额核算”　　D. “数量售价金额核算”
2. 消费者刷卡消费，银行收取的手续费在（　　）账户核算。
   A. “销售费用”　　B. “财务费用”
   C. “管理费用”　　D. “主营业务成本”
3. 东方超市销售部门销售出一批提货券，50 元 50 张，100 元 50 张，交来出售提货券清单一张和转账支票一张，金额合计是（　　）。
   A. 250 元　　B. 7 500 元
   C. 7 000 元　　D. 6 000 元
4. 出纳人员到银行交存现金时必须填写的单据是（　　）。
   A. 支票　　B. 银行本票
   C. 承兑汇票　　D. 现金交款单
5. 连锁经营能有效减低成本费用主要体现在（　　）。
   A. 对所有业务实时监控　　B. 实行计算机联网
   C. 统一配送　　D. 对商品拥有特护权
6. 连锁经营的基本形态是（　　）。
   A. 直营连锁　　B. 自愿连锁
   C. 加盟连锁　　D. 特约连锁
7. 专卖店是专门销售（　　）的商店或专柜。
   A. 某一种商品　　B. 某一类
   C. 某一个品牌商品　　D. 以上都是
8. 从事货物生产或者提供应税劳务的纳税人，年应税销售额在 50 万元以下是增值税（　　）。
   A. 正常纳税人　　B. 一般纳税人
   C. 小规模纳税人　　D. 无需纳税
9. 进价金额核算法又称（　　）。
   A. “进价记账、盘存计购”　　B. “售价记账、盘存计销”
   C. “进价记账、盘存计销”　　D. “售价记账、盘存计购”
10. 鲜活商品本月销售结转成本 = 期初库存余额 +（　　）- 期末库存余额
   A. 本期销售金额　　B. 本期购进金额
   C. 期初购进金额　　D. 期末购进金额

二、多项选择题

1. 新兴的经营业态有（ ）。

A. 超级市场 B. 便利店

C. 专卖店 D. 网上商店

2. 联营经营方式相比自营经营方式，具有以下特点（ ）。

A. 百货商店账面中“在途物资”“库存商品”等账户的期末余额较少，甚至为零

B. 销售货款的结算是由联营企业设置收款台，派专人收款

C. 百货商店与商品提供者之间存在“先销售后结算”的关系

D. 商品销售人员或导购人员一般是由供应商配备

3. 超市是集（ ）等商品于一身的购物市场。

A. 百货 B. 生鲜

C. 家纺、服纺 D. 家电、文体

4. 当超市出售商品时，可以收取顾客的（ ）。

A. 现金 B. 银联卡刷卡

C. 提货券 D. 支票

5. 连锁经营企业执行“总部—地区总部—分店”模式的，其会计核算特点有（ ）。

A. 总部和地区总部均设置会计人员

B. 分店设置核算员

C. 配送商品时分别作销售和购进的处理

D. 总部与地区总部二级独立核算

6. 连锁经营的形式有（ ）。

A. 直营连锁 B. 自愿连锁

C. 加盟连锁 D. 特约连锁

7. 专卖店其中一个特点是对顾客提供（ ）。

A. 售前服务 B. 售后服务

C. 售中服务 D. 上门服务

8. 小规模纳税人要申请办理一般纳税人资格应符合下列条件（ ）。

A. 有固定的生产经营场所

B. 根据合法、有效凭证

C. 能够按照国家统一的会计制度规定设置账簿

D. 能够提供准确的税务资料

9. 鲜活商品特点有（ ）。

A. 容易保管

B. 商品新鲜，容易变质，损耗大

C. 经营过程中，经常发生质量等级变化，需要及时清选整理，数量和售价

变动频繁

D. 季节性强，一般大批进货，零星出售，逢节假日购买力集中

10. 下列属于鲜活农产品的是（　　）。

A. 活的畜禽类、家畜　　B. 新鲜水果

C. 鲜活水产品　　D. 新鲜蔬菜

三、判断题

1. 百货商店采购时发生的运输费计入采购成本。（　　）

2. 目前，百货商店是采用联营方式比自营方式多，原因是联营方式的销售利润比自营方式大。（　　）

3. 外单位来购买提货券时，使用的账户是“应收账款”。（　　）

4. 财务部门收到的对方开出的增值税专用发票无需经过业务部门。（　　）

5. 连锁经营实行的是标准化管理，统一广告，统一进货，统一核算。（　　）

6. 连锁经营的加盟费一律不得退回。（　　）

7. 向消费者个人销售货物或者应税劳务的无需开具增值税专用发票。（　　）

8. 财务部门收到的对方开出的增值税专用发票无需经过销售部门。（　　）

9. 鲜活商品在实现收入时，立即进行成本结转。（　　）

10. 购进鲜活商品不需要登记商品的数量。（　　）

四、计算题

1. A单位来明兴超市购买提货券100元200张，200元300张，500元100张时，请计算共收金额多少元？

2. 本日超市销售商品，共收到28 000元，其中现金8 000元，银行卡13 000元，其他的为提货券，那么提货券收到多少钱？

3. 当A企业购入的商品，货款2万元，增值税金额为2 600元，商品数量为200件。A企业如果是一般纳税人，商品单价成本是多少元？如果是小规模纳税人呢？

4. 当B企业是小规模纳税人时，本月销售营业额是8 000元，税率为3%，那么应向税务机关缴纳多少元增值税？（保留整数）

5. 李某经营水果生意，期初库存余额是2 368元，期末库存余额2 800元，本月购入商品的成本是38 000元，请你根据相关知识帮李某计算出本月应结转的成本是多少元？

6. 计算表3－61中的出入库成本。

表 3－61　　　　入 库 单

供货单位：沙河水果批发市场　　　　××年 10 月 11 日

名称	产地	单位	数量	单价	金额	备注
鸡	清远	千克	100	14.80		款已付
鸭	韶关	千克	152	12.30		款已付
鹅	恩平	千克	68	22.00		款已付
鸽	湛江	千克	63	18.00		款已付
⋮	⋮	⋮	⋮	⋮	⋮	⋮
合计	—	—	—	—	2 890.00	—

五、实务题

（一）练习百货商店经营业务的核算

广贸百货商店是一家以联营为主、自营为辅的零售小型商品流通增值税一般纳税人企业，是信用卡特约单位，信用卡结算手续费为 1.5%。每月末与联营企业进行货款结算，扣点率为 20%。

1. 广贸百货商店 5 月份发生自营销售业务如下：

（1）5 月 3 日购入果仁 1 000 千克，价款 20 000 元，税金 2 600 元，取得增值税专用发票的发票联和抵扣联；支付运费 545 元，价款 500 元，税金 45 元，取得专用发票联和抵扣联。开出支票支付货款和运输费，商品已验收入库。

（2）5 月 10 日，据“商品销售收入缴款单”“商品销售货款情况表”，本日销售服装 50 000 元、综合百货 40 000 元，其中收到现金收入 36 800 元，收到银行卡收入 53 200 元，已送存银行。

（3）5 月 15 日，食品柜实收 13 258.80 元，应收 13 218.80 元，长款 40 元。5 月 25 日查明原因是收款员错误多收，经批准冲减销售费用处理。

（4）5 月 20 日，发生家电以旧换新业务。销售彩电 1 台，每台 3 500 元，同时以 500 元回收同类旧彩电。

2. 百货商店与多乐公司签订了“引厂进店”的联营协议。每月末进行货款结算，扣点率为 20%，5 月份联营销售业务如下：

（1）5 月 30 日，根据“收款汇总表”和销货凭证编制的“销货日报表”，联营商品当日实现销售额 55 423 元，收到的现金 15 423 元已送存银行，收到工商银行卡 29 000 元，建设银行卡 11 000 元。

（2）5 月 31 日，全月销售 510 322 元，分解销项税额。

（3）5 月 31 日，计算并确认返还多乐公司金额和留利金额；当天收到多乐公司开来的增值税专用发票，价款 348 938.12 元，税金 45 361.96 元。支付返回多乐公司金额，同时结转已销商品成本。

（4）5 月 31 日，百货商店每月向多乐公司收取综合管理费 1 000 元，价款 943.39 元，税金 56.61 元。

要求：请完成广贸百货商店5月份相关账务处理。

（二）练习超市业务的核算

1. 10月3日，明月超市销售商品当日含税销售额为28 488.60元，剔除税额的货款总额为25 500元，当日收到现金5 000元，银行存款13 000元，其他的货款收到提货券，货款总额的68%按税率13%计算，货款总额的32%为农产品，按税率9%计算。

要求：进行商品销售的相关账务处理。

2. 10月15日，东日超市财务人员收到商品销售清单一张（见表3－62）和银行进账单一张。

表3－62 商品销售清单（现金收讫）

分店：东日　　××年10月15日　　收银员：

商品类别	税率（%）	不含税金额（元）	税额	含税金额
A类	13	30 000		
B类	13	24 789		
C类	9	32 897		
D类	9	32 469		
合计	—			

会计：　出纳：　复核：　记账：　制单：

要求：计算填列表3－62中的税额和含税金额，并进行确认收入的账务处理。

3. 10月31日，东日超市财务人员结转销售成本，以农产品为例，见表3－63。

表3－63 存货实地盘点报告表（期末）

××年10月31日　　重量：千克　金额单位：元

商品名称	实地盘存数量	最后一次购买单价	期末库存成本	期初库存成本	本月购进金额	本月应结转的成本
萝卜	20	2.10		53.00	3 880	
胡萝卜	30	1.23		36.00	1 352	
芜菁	16	2.78		39.98	2 508	
黄瓜	12	3.60		32.89	1 560	
丝瓜	16	2.35		23.90	2 658	
合　计	—	—		—	—	

要求：计算填列表3－63中空白的部分，并进行结转销售成本账务处理。

第四单元
4 商品流通其他业务的会计处理

学习目标：

- □ 熟悉各种促销方式及其核算处理
- □ 能对材料物资、周转材料进行核算
- □ 熟悉代销业务、分期收款业务的核算
- □ 熟悉分期收款业务的核算

任务一 返利及促销业务的核算

任务描述

本任务的学习目标是：认识零售企业返利、促销的形式；能对零售企业各种返利促销形式进行核算。

知识准备

零售企业、超市在经营过程中都会出现促销的情况，如向进驻店内的供应商收取返利、返点、促销费、进店费、管理费等费用，对消费者开展赠品、返券、特价等促销活动，这当中会涉及成本费用的处理，应根据不同的情况及现行条例进行核算。

一、零售企业收到返利及向供应商收取费用的核算

根据《国家税务总局关于商业企业向货物供应方收取的部分费用征收流转税问题的通知》（国税发〔2004〕136号）规定，商业企业向供货方收取的部分收入，按照以下原则征

收增值税：

（1）对商业企业向供货方收取的与商品销售量、销售额无必然联系，且商业企业向供货方提供一定劳务的收入，例如进场费、广告促销费、上架费、展示费、管理费等，不属于平销返利，不冲减当期增值税进项税额。

（2）对商业企业向供货方收取的与商品销售量、销售额挂钩（如以一定比例、金额、数量计算）的各种返还收入，均应按照平销返利行为的有关规定冲减当期增值税进项税额。商业企业向供货方收取的各种收入，一律不得开具增值税专用发票。应冲减进项税额的计算公式调整为：

当期应冲减进项税额 = 当期取得的返还资金/（1 + 所购货物适用增值税税率）×所购货物适用增值税税率

业务1 返利业务核算

【业务资料】

永康超市在5月份发生如下以下返利、促销业务：

（1）31日，收到T企业管理费11 300元，已存入银行。

（2）31日，为H企业销售家电，合同约定按销售收入的1%比例返利给超市，本月共为其销售家电20万元，收取返利2 000元存入银行。

【业务分析】

返利收入根据销售额按比例计算，按冲减当期增值税进项税额后的金额入账。

【业务核算】

会计人员根据发票、结算单据等原始凭证进行账务处理（见表4－1）。

表4－1

日期	业务摘要	账务处理	附件名称
5月31日	收取管理费	借：银行存款 11 300 贷：其他业务收入 10 000 应交税费——应交增值税（销项款额） 1 300	1. 服务发票 2. 进账单回单
5月31日	收取返利收入	借：银行存款 2 000.00 贷：其他业务收入 1 769.91 应交税费——应交增值税（进项税额转出） 230.09	进账单回单

二、零售企业促销业务的核算

零售企业促销活动的形式多样，最常见的促销形式有折扣销售、赠送现金券、赠送礼品、免费试用、捆绑销售、会员卡、积分兑换等。以上各种促销行为可归纳为打折和赠礼两大类，无论哪种促销形式都会涉及商品原定的销售额和销售数量的变动，因此也必然会涉及收入确认的问题。

（一）折扣销售

折扣销售是指销售方在销售商品时给予购货方的价格优惠。根据税务部门相关规定：如果将价款和折扣额在同一张发票上分别注明的，以折扣后的价款为销售额；未在同一张发票上分别注明的，以价款为销售额，不得扣减折扣额。

无论是厂家指定的商品价格还是零售企业自己确定的特价商品，由于折扣是在实现销售时同时发生的，一般在开出销售发票时先填写商品价格，再标明折扣额，最后按实际销售价格确认收入并计缴增值税。

业务2　折扣销售业务核算

【业务资料】

永康超市进行让利活动，商品以七折发售。8日，有顾客购买了标价2 000元的商品，支付了1 400元现金。

【业务分析】

根据税务规定，如果将价款和折扣额在同一张发票上分别注明的，以折扣后的价款为销售额并根据此销售额计算销项税额。超市的标价是含税的售价，进行账务处理时要拆分为不含税销售额和税额。

【业务核算】

会计人员根据发票、结算单据等原始凭证进行账务处理（见表4－2）。

表4－2

日期	业务摘要	会计分录	附件名称
6月8日	让利活动销售商品	借：库存现金　1 400.00 　贷：主营业务收入　1 238.94 　　应交税费——应交增值税（销项税额）　161.06	销售发票销售联

（二）返券销售

返券销售是指顾客在购买一定数额的商品后获得商家赠送相应数额现金购物券的促销方式。返券销售容易激发消费者连续购物的欲望，同时返券销售不是无偿赠送，不能视同销售计算增值税，是按实际收到的金额确认收入并计算增值税，对于商家来说不会负担多余的税金，因此被大多数商家经常使用。由于现金购物券送出后，顾客何时购买，使用多少现金购物券不确定，因此送出现金购物券时不进行账务处理，待销售商品实际收回现金购物券时再作为一种商业折扣进行处理。

业务3　返券销售业务核算

【业务资料】

永康超市8月份进行返券促销活动，8月1日送出现金券5万元，现金券的有效期是8月2日至8月31日。8月份按正常售价确认的含税收入是60万元，其中收回现金22 600元，银行卡付款529 400元，收回现金券4.8万元。

【业务分析】

送出现金券时其未正式使用，而且其使用情况未确定，所以暂不需要进行账务处理。在销售时，收回现金券部分作为商业折扣或促销费用处理。

不含税销售收入 =552 000 ÷（1 +13%）=488 495.58（元）

【业务核算】

会计人员根据发票、结算单据等原始凭证进行账务处理（见表4 -3）。

表4 -3

日期	业务摘要	账务处理	附件名称
8月1日	发放现金券	暂不进行账务处理	
8月31日	确认当月销售收入	借：库存现金 22 600.00 银行存款 529 400.00 贷：主营业务收入 488 495.58 应交税费——应交增值税（销项税额） 63 504.42	销售发票

（三）买赠及免费试用

买一送一、附送礼品、免费试用是目前商业零售企业常用的促销方式，赠送的礼品可能来源于供应商提供，也可能是零售商提供。对于赠送的礼品，应视同销售，按正常售价计缴增值税，但所赠的商品价格不能大于购买货物所支付的金额。具体操作根据不同情况分别处理：

（1）对于由供应商提供，零售企业准备随同商品出售不单独计价的，供应商视同销售处理，但零售企业只作备查登记，对礼品不进行账务处理。

（2）由供应商提供的礼品，零售企业准备作为商品出售的，零售企业要作为正常的商品销售，按售价确认收入，但由于礼品进入零售企业的成本为零，其销售成本也为零。

（3）礼品由零售企业提供的，按礼品成本加增值税销项税额列入销售费用。此类礼品多属于低值物品，如餐巾纸、塑料杯等，随商品的售出而赠送，其赠送数量确定，送完即止。这种促销方式通过赠送低值的物品吸引消费群体，被视为零售企业的一线宣传活动，税务上按计税价格确认计税收入，但会计处理不确认收入，一般作为促销费用。

业务4　买赠销售业务核算

【业务资料】

永康超市对某品牌饮料进行买一送一促销活动，9月1日当天该饮料共销售80箱，送出80箱，其进价为120元/箱，含税售价为150元/箱。

【业务分析】

根据增值税条例的规定，销售主货物、赠送从货物行为不属于无偿赠送，属于附有条件的有偿赠送，不能作为视同销售处理。

【业务核算】

会计人员根据发票、结算单据等原始凭证进行账务处理（见表4 -4）。

表 4－4

日期	业务摘要	账务处理	附件名称
9 月 1 日	销售饮料	借：银行存款　12 000. 00 　贷：主营业务收入　10 619. 47 　　应交税费——应交增值税（销项税额）　1 380. 53	销售发票
9 月 1 日	促销活动赠送饮料	借：销售费用　10 704. 42 　贷：库存商品　9 600. 00 　　应交税费——应交增值税（销项税额）　1 104. 42	赠品签领单

（四）捆绑销售

捆绑销售是一种带有特定条件的折扣销售行为，其限制条件就是消费者必须同时购买捆绑的商品才可以享受折扣，不可以拆分。对于捆绑销售商品的价格低于商品正常售价的部分，仍属于商业折扣，实质是一个综合折扣，会计处理上是按扣除商业折扣后的金额确认收入。

（五）特价商品

推出特价商品的目的是带动其他商品销售，特别是在超市等卖场，特价商品吸引的人流会根据商场动线顺带购买了预算外的商品。特价商品的价格低于正常售价，但本质上还是商业折扣，会计处理上还是按让利后实际销售价格确认收入。

（六）会员卡和积分卡

消费者成为会员后，凭会员卡购物可以享受打折优惠，商场所提供的优惠实质是商业折扣，会计处理是按实际销售额确认收入。若在办理会员卡时涉及押金的，收取及退还时通过“其他应付款”核算。

零售企业一般都建立有消费激励机制，实行消费积分制度，当积分卡的积分达到某一总数时，商家会按当初的承诺返还消费者相应的现金或商品。积分卡的返还是要求累计到某一积分总数才发生，即销售商品时折扣并没有发生，因此按正常的销售价格确认收入，当达到累计分数返还现金或商品时，作为一项营销支出，按返还价值记入“销售费用”核算。

任务二
材料物资的核算

任务描述

本部分的学习任务是：熟悉材料物资核算应设置的账户，判断材料物资的核算范围，并正确核算。

知识准备

材料物资，是指商品流通企业为满足企业经营和管理的需要而购进的各种消耗性辅助材料和其他物资。材料物资在商品流转中起着一定的作用，是必不可少的物质条件，但材料物资品种繁多以及存放分散，在管理上容易忽略，因此，企业对材料物资必须妥善保管并加强核算。

一、材料物资核算的范围

商品流通企业材料物资核算的范围主要包括：企业库存的用于业务经营、设备维修、劳动保护、办公、生活等方面的材料、物品、燃料、饲料、药剂等。这些材料物资是保证企业经营活动所不可缺少的物质条件。企业的包装物、低值易耗品和在建工程用物资不在材料物资的核算范围内。

二、材料物资核算应设置的账户

材料物资的核算主要有材料物资的购入、减少、清查的业务，是通过“原材料”账户进行的。它是资产类账户，账户核算内容和结构见表 4－5。

表 4－5

账户名称	账户核算内容及性质		账户结构	
原材料	核算内容	除包装物、低值易耗品和在建工程用的材料物资以外的各种材料、用品的实际成本	原材料	
			企业购入并已入库的实际成本及盘盈等材料物资的增加数	材料物资的领用、出售、盘亏等减少数
	性质	资产类	结存材料物资的实际成本	
	明细账	按材料类别和名称设置		

三、材料物资的业务核算

（一）材料物资的购入

企业购进的材料物资，应该按实际成本入账。材料物资的实际成本包括购买价款、相关税费以及在外购过程中发生的其他直接费用。

业务 5　购入材料业务核算

【业务资料】

顺昌公司购入保管商品用防潮剂 100 瓶，取得购货发票注明总价款为 2 106 元，增值税额为 273.78 元，仓管员检验后填写了收货单，出纳签发转账支票向销货方付款。

【业务分析】

顺昌公司所购防潮剂是用于保管商品的，不应作为库存商品核算，收货单显示材料在当日已经验收入库，出纳签发支票表示公司已支付款项。

【业务核算】

会计根据增值税专用发票、收货单、支票存根等进行账务处理（见表4－6）。单位成本为21.06元（2 106÷100）。

表4－6

日期	业务摘要	账务处理	附件名称
9月6日	购进材料物资已入库	借：原材料——防潮剂　2 106.00 应交税费——应交增值税（进项税额）　273.78 贷：银行存款　2 379.78	1. 购买发票的发票联 2. 支票存根 3. 收货单

（二）材料物资减少的核算

材料物资的减少包括领用、出售、盘亏等情况引起的减少。

1. 材料物资的领用。企业内部有关部门领用材料物资，应填制一式数联“材料物资领用单”，其中一联交材料物资保管部门据以记录减少结存数量；一联交财会部门进行会计核算。如领用的的材料物资零散且频繁，为了简化核算手续，可以不填写领用清单，而是采用物资保管部门做好日常记录，到月末汇总后向财务部门报账的办法。

领用材料物资应根据不同的经济用途分别通过费用账户进行核算，可按“先进先出法”“加权平均法”“个别计价法”等方法计算确定成本。

业务6　领用材料物资的业务核算

【业务资料】

承业务5，9月7日顺昌公司A门店填写领料单领用防潮剂10瓶。

【业务分析】

顺昌公司门店领用防潮剂用于保管商品，应记入“销售费用”。

【业务核算】

会计根据领料单等进行账务处理（见表4－7）。

表4－7

日期	业务摘要	账务处理	附件名称
9月7日	领用材料物资	借：销售费用　210.60 贷：原材料　210.60	领料单

2. 材料物资的出售。企业可能因业务变更等原因造成的材料物资有多余或不需用，为避免积压加速资金周转，可以将积压的材料物资对外出售。材料物资对外出售的业务属于商品流通企业的其他业务范围，其收入应通过“其他业务收入”账户，其销售成本应通过“其他业务成本”账户处理。

业务7　出售材料物资的业务核算

【业务资料】

9月10日，顺昌公司售给其他单位维修材料一批，售出价格为250元，增值税额32.50

元，该批材料其账面价值为200元，收到对方开出的支票，存入银行。

【业务分析】

销售材料物资，属于企业的其他经营业务，应记入其他经营业务的相关科目。

【业务核算】

会计根据领料单、进账单等进行账务处理（见表4-8）。

表4-8

日期	业务摘要	账务处理	附件名称
9月10日	出售材料物资	借：银行存款 282.50 贷：其他业务收入 250.00 应交税费——应交增值税（销项税额） 32.50	1. 领料单 2. 进账单 3. 销售发票
9月30日	结转出售材料销售成本	借：其他业务成本 200 贷：原材料——维修材料 200	发出材料汇总表

（三）材料物资清查的核算

为确保商品流通企业材料物资的准确核算，企业应加强对材料物资的管理，建立健全收、发领用及核算制度。财会部门设置材料物资的总分类账和明细分类账，对数量和金额进行核算，物资保管部门要建立数量保管账，并定期进行清查盘点。盘点时，财会部门的总账与明细账、明细账与物资保管部门的保管账、保管账与实物都要进行核对，以达到账账相符、账实相符。

在清查盘点中发生的盘盈和盘亏数，要及时转入“待处理财产损溢”账户，并查明原因，及时处理。报经批准后处理时，盘亏的材料费用根据不同原因分别记入“管理费用”或“其他应收款”；盘盈的材料物资冲减“管理费用”。

任务三
周转材料的核算

任务描述

本部分的学习任务是：熟悉周转材料核算应设置的账户，判断材料物资的核算范围，并正确核算。

知识准备

一、周转材料核算的范围

周转材料，是指企业能够多次使用、逐渐转移其价值但仍保持原有形态且不确认为固定资产的材料，包括：包装物、低值易耗品等。

1. 包装物

包装物，是指为了包装本企业商品而储备的各种包装容器，包括转为储备商品不随商品流转而转移的酒坛、油罐、糖缸等，专供包扎商品而一次耗用的纸绳、纸袋、纸盒等，还有随商品购销多次反复周转使用的麻袋、油桶、木箱等。

下列各项不属于包装物核算的范围：

（1）对于各种一次性消耗的包装材料，如纸、绳、铁丝、铁皮等，应作为“原材料”核算；

（2）用于储存和保管商品而不对外出售的包装物，应按价值大小和使用年限长短，分别在“固定资产”或“周转材料”账户核算；

（3）单独列作企业商品的自制包装物，应作为库存商品处理。

2. 低值易耗品

低值易耗品，是指单位价值在规定的标准范围内，使用年限较短的用具和设备，如柜台、货架、办公桌、仪表、简易设备和玻璃器皿等。有些物品虽然单位价值较高，使用年限较长，但为了便于管理，也作为低值易耗品，如磅秤、各种非机动车辆等。

二、周转材料核算应设置的账户

周转材料的核算主要有周转材料的增加、减少、清查的业务，是通过“周转材料”账户进行的。账户核算内容和结构见表4－9。

表4－9

<table>
<tr><th>账户名称</th><th colspan="2">账户核算内容及性质</th><th colspan="2">账户结构</th></tr>
<tr><td rowspan="4">周转材料</td><td rowspan="2">核算内容</td><td rowspan="2">企业库存的周转材料的实际成本或计划成本</td><td colspan="2">周转材料</td></tr>
<tr><td>购入、自制、盘盈的周转材料成本</td><td>领用、出售、摊销、报废、盘亏的周转材料成本</td></tr>
<tr><td>性质</td><td>资产类</td><td rowspan="2">在库、出租、出借周转材料的实际成本和在用周转材料的摊余价值</td><td rowspan="2"></td></tr>
<tr><td>明细账</td><td>按“在库”“在用”“摊销”设置</td></tr>
</table>

三、周转材料的核算

（一）周转材料购进的核算

商品流通企业购进包装物，分为单独购进和随货购进两种方式，随货购进又有单独计价和不单独计价两种情形。

业务8　单独购进包装物的核算

【业务资料】

顺昌公司购进装饼干用的铁罐1 000个，计4 000元，增值税额520元，铁罐已验收入库，价税款以银行存款支付。

【业务分析】

对于税额，由于公司购进铁罐是为了随同商品出售，不是公司直接消费，增值税额应该作为进项税额予以抵扣。

【业务核算】

会计根据增值税专用发票、运费发票、收货单、支票存根等进行账务处理（见表4－10）。

表4－10

日期	业务摘要	账务处理	附件名称
9月15日	购进铁罐	借：周转材料——在库 4 000 应交税费——应交增值税（进项税额） 520 贷：银行存款 4 520	1. 购买发票的发票联 2. 支票存根联 3. 收货单

业务9　随同商品购进单独计价包装材料的核算

【业务资料】

顺昌公司购进巧克力200千克，计5 000元，同时购进巧克力包装铁盒10个，计50元，增值税额656.50元，取得运输公司普通发票80元。巧克力与包装盒一起验收入库，价税款和运杂费以银行存款支付。

【业务分析】

此处的包装铁盒单独计价，由于公司购进铁罐是为了随同商品出售，不是公司直接消费，增值税额应该作为进项税额予以抵扣。小企业在购买商品过程中发生的运费记入“销售费用”。

【业务核算】

会计根据增值税专用发票、运货发票、收货单、支票存根等进行账务处理（见表4－11）。

表4－11

日期	业务摘要	账务处理	附件名称
9月15日	购进铁罐	借：库存商品——巧克力 5 000.00 周转材料——在库 50.00 应交税费——应交增值税（进项税额） 656.50 销售费用——运杂费 80.00 贷：银行存款 5 786.50	1. 购买发票的发票联 2. 运货发票 3. 支票存根 4. 收货单

业务10　随同商品购进不单独计价的包装物核算

随同商品购进不单独计价的包装材料，其价款已包含在商品进价中，包装材料不单独计价，而记入“库存商品”账户。

（二）周转材料减少的核算

业务11　周转材料领用的核算

对领用周转材料，应按各种不同情况区别处理，核算方法见表4－12。

表 4－12

业务摘要	账务处理
随商品出售不单独计价的包装物领用时	借：销售费用——包装费 　　贷：周转材料
随商品出售单独计价的包装物领用时	借：其他业务成本——出售包装物 　　贷：周转材料
周转用包装物领用时	借：周转材料——在用 　　贷：周转材料——在库
对一经领用即消耗掉的包装物领用时	借：销售费用——包装费 　　贷：周转材料

业务 12　周转材料出售的核算

商品流通企业包装物出售分为单独出售和随货出售两种。

对包装物出售，应按各种不同情况区别处理，核算方法见表 4－13。

表 4－13

业务摘要		账务处理
包装物单独出售	取得收入	借：银行存款 　　贷：其他业务收入——出售包装物 　　　　应交税费——应交增值税（销项税额）
	结转成本	借：其他业务成本——出售包装物 　　贷：周转材料——在库
包装物随货出售单独计价	取得收入	借：银行存款 　　贷：主营业务收入——商品 　　　　其他业务收入——出售周转材料 　　　　应交税费——应交增值税（销项税额）
	结转成本	借：其他业务成本——出售包装物 　　贷：周转材料——在库
包装物随货物出售不单独计价	取得收入	包装物不单独计价，全部记入“主营业务收入”： 借：银行存款 　　贷：主营业务收入 　　　　应交税费——应交增值税（销项税额）
	从仓库发出时结转成本	借：销售费用——包装费 　　贷：周转材料——在库

商品流通企业对不能继续使用的包装物，应按规定手续申请报废，填制“周转材料报废单”，经批准后，会计部门据以做出注销周转材料的账务处理。

业务13　周转材料报废的核算

【业务资料】

9月28日，顺昌公司报废包装箱账面价值800元，已摊销700元，变卖后收到现金40元。

【业务分析】

周转用包装物报废时，将包装物摊余价值扣除残值后的差额作为摊销额，记入“销售费用”，并注销包装物。

摊余价值＝800－700－40＝60（元）

【业务核算】

会计人员根据领料单、包装物摊销计算表进行账务处理，见表4－14。

表4－14

日期	业务摘要	账务处理	附件名称
9月28日	摊销摊余价值	借：销售费用　60 　　库存现金　40 　　贷：周转材料——在用　100	收据
9月28日	注销包装物	借：周转材料——摊销　700 　　贷：周转材料——在用　700	无

（三）周转材料摊销的核算

周转材料在不断周转使用过程中，其价值因磨损而逐渐减少，将这部分减少的价值采用一定的方法计算摊入销售费用，即为包装物摊销。周转材料摊销的方法一般有一次转销法、分次摊销法等。

1. 一次转销法

一次转销法，是指周转材料在领用时就将其全部账面价值计入相关资产成本或当期损益的方法。一次转销法核算比较简单也容易掌握，但费用负担不均衡，通常适用于一次领用数量不多、价值较低或极易损坏的管理用具等。

业务14　周转材料摊销核算（一次转销法）

【业务资料】

9月20日，顺昌公司领用包装物4 000元，其中包装商品用3 000元，办公室领用1 000元。

【业务分析】

包装物的价值应该按照不同的经济用途分别处理，包装商品用的记入“销售费用”，行政管理部门使用的记入“管理费用”。

【业务核算】

会计根据领料单进行账务处理（见表4－15）。

表 4－15

日期	业务摘要	账务处理	附件名称
9 月 20 日	领用包装物	借：销售费用　3 000 　　管理费用　1 000 　　贷：周转材料——摊销　4 000	领料单

2. 分次摊销法

分次摊销法，是指包装物的成本按照使用的次数平均摊入相关的资产成本或当期损益的方法。分次摊销法的费用负担均衡合理，其计算公式如下：

某周转材料每次摊销额＝周转材料原价÷估计使用次数

业务 15　周转材料摊销核算（分次摊销法）

【业务资料】

9 月 22 日，顺昌公司门店领用包装盒 4 950 元，估计使用 36 次，包装盒按次摊销。

【业务分析】

每次摊销额＝4 950 ÷36＝137. 50（元）

【业务核算】

会计人员根据领料单、包装物摊销计算表进行账务处理（见表 4－16）。

表 4－16

日期	业务摘要	账务处理	附件名称
9 月 22 日	领用包装物	借：销售费用　137. 50 　　贷：周转材料——摊销　137. 50	1. 领料单 2. 包装物摊销计算表

（四）周转材料出租、出借的核算

商品流通企业出租、出借包装物时，根据包装物出库单记账，主要包括出租（出借）包装物发出、收取押金、收取租金、出租（出借）包装物摊销、收回出租（出借）包装物与退回押金等核算。

业务 16　周转材料出租、出借核算

【业务资料】

9 月 16 日，顺昌公司出租食品礼包的包装袋 20 件，出借包装盒 30 件给广通酒店，每件 40 元，出租的包装袋和出借的包装盒每件收取押金 50 元，共计 2 500 元，收取租金 791 元（其中含增值税 91 元）。按月摊销出租包装物 125 元，摊销出借包装物 150 元。10 月 26 日收回酒店归还的出租出借包装物，退还押金 2 500 元。

【业务分析】

出租、出借包装物收取押金，属于企业暂收未付款项，记入“其他应付款”的贷方；出租包装物并非企业主要业务，收取的租金应记入“其他业务收入”；出租、出借包装物的摊销对应记入“其他业务成本”与“销售费用”。

【业务核算】

会计人员根据领料单、包装物摊销计算表进行账务处理见表4－17。

表4－17

日期	业务摘要	账务处理	附件名称
9月16日	租（借）出包装物	借：周转材料——出租 800 ——出借 1 200 贷：周转材料——在库 2 000	领料单
9月16日	收到出租（出借）包装物的押金	借：银行存款 2 500 贷：其他应付款——广通酒店 2 500	收据
9月16日	收到出租包装物租金	借：银行存款 791 贷：其他业务收入——出租包装物租金收入 700 应交税费——应交增值税（销项税额） 91	1. 销售发票 2. 进账单
9月30日	按月摊销出租、出借包装物	借：其他业务成本——出租包装物摊销 125 销售费用——出借包装物摊销 150 贷：周转材料——摊销 275	摊销计算表
10月26日	退还出租出借包装物押金	借：其他应付款——广通酒店 2 500 贷：银行存款 2 500	支票存根
10月26日	收回归还的出租出借包装物	借：周转材料——在库 2 000 贷：周转材料——出租 800 ——出借 1 200	入库单

（五）周转材料清查的核算

周转材料应经常进行实地盘点，以确保账实相符。在盘点过程中发现周转材料溢余或短缺，应及时进行账务处理，其账务处理方法与库存商品盘盈、盘亏的账务处理方法相同。

任务四
代销业务的核算

任务描述

本部分的学习任务是：熟悉代销业务核算的流程，应设置的账户，并会正确核算。

知识准备

一、委托代销业务的核算

（一）委托代销业务的特点及流程

1. 委托代销的概念、特点与分类

委托代销，是指受托方（一般为商品流通企业）按委托方的要求销售委托方的货物，并收取手续费的经营活动。

委托代销的特点是受托方只是一个代理商，委托方将商品发出后，所有权并未转移给受托方。一般来说，按照协议，受托方未能售出的商品将退回给委托方，因此商品所有权上的主要风险和报酬仍在委托方，只有在受托方将商品售出后，商品所有权上的主要风险和报酬才转移出委托方。所以，企业采用委托代销方式销售商品，委托方在交付商品时不确认收入，应在受托方售出商品，并取得受托方提供的代销清单时确认销售收入的实现。

委托代销的主要类型见表4－18。

表4－18

	分类	核算要点
类型一	收取手续费	受托方按照委托方的要求销售商品，受托方只收取代销手续费
类型二	视同买断	受托方将代销商品加价出售，与委托方按协议价结算，不再另外收取手续费，受托方以商品差价作为经营报酬

2. 委托代销业务流程

（1）视同买断方式委托代销商品的业务流程：委托方发出商品→（受托方加价出售，差价形成受托方收入）收到代销清单→确认已销商品收入→结转已销商品成本。

（2）收取手续费方式委托代销商品的业务流程：委托方发出商品→（受托方原价出售，按销售额收取一定比例手续费，手续费形成受托方收入）收到代销清单→确认已销商品收入→结转已销商品成本→支付委托代销手续费。

（二）委托代销业务应设置的账户

委托代销业务核算主要有发出委托代销商品、收到代销清单确认收入、结转已销商品成本、支付手续费等业务，是通过“委托代销商品”“主营业务收入”“主营业务成本”“销售费用”等账户进行核算的。“委托代销商品”账户核算内容和结构见表4－19。

表4－19

账户名称	账户核算内容及性质		账户结构	
委托代销商品	核算内容	企业委托代销商品的实际成本	委托代销商品	
			发出委托代销商品时登记商品的实际成本	结转代销清单上注明的已销商品的成本
	性质	资产类		
	明细账	按商品的类别设置	未销的委托代销商品成本	

（三）委托代销业务的核算

业务17　委托代销业务核算（视同买断方式）

【业务资料】

9月20日，顺昌公司委托广百公司代销巧克力一批，协议售价30 000元，成本总额为25 000元，增值税率为13%。10月20日，顺昌公司收到广百公司代销清单时，开具增值税专用发票，注明价款30 000元，税额3 900元；广百公司实际销售开出的增值税专用发票上注明价款35 000元，税额4 550元。按代销协议，广百公司可以将未销售出去的巧克力退回给顺昌公司。

【业务分析】

受托方广百公司自行定价销售，视同买断。顺昌在发出商品时不确认收入，待收到代销清单时才确认收入及结转成本。

【业务核算】

委托方顺昌公司具体核算见表4－20。

表4－20

日期	业务摘要	账务处理	附件名称
9月20日	发出委托代销商品	借：委托代销商品——巧克力　25 000 　贷：库存商品——巧克力　25 000	出库单
10月20日	确认收入	借：应收账款——广百公司　33 900 　贷：主营业务收入　30 000 　　应交税费——应交增值税（销项税额）　3 900	代销清单 销售发票
10月20日	结转已销的委托代销商品成本	借：主营业务成本　25 000 　贷：委托代销商品——巧克力　25 000	销售成本计算单
10月30日	收到广百送来的货款	借：银行存款　33 900 　贷：应收账款——广百公司　33 900	收款通知

业务18　委托代销业务核算（收取手续费方式）

【业务资料】

承业务17的资料，按照协议，广百公司按照顺昌公司的售价对外销售，按销售额30 000元的10%收取手续费3 000元，价款2 830.19元，税金169.81元。

【业务核算】

委托方顺昌公司具体核算见表4－21。

表 4-21

日期	业务摘要	账务处理	附件名称
9 月 20 日	发出委托代销商品	借：委托代销商品——巧克力　25 000 　贷：库存商品——巧克力　25 000	出库单
10 月 20 日	确认收入	借：应收账款——广百公司　33 900 　贷：主营业务收入　30 000 　　应交税费——应交增值税（销项税额）　3 900	代销清单 销售发票
10 月 20 日	结转已销的委托代销商品成本	借：主营业务成本　25 000 　贷：委托代销商品——巧克力　25 000	销售成本计算单
10 月 20 日	计算应付代销手续费	借：销售费用——代销手续费　2 830.19 　应交税费——应交增值税（进项税额）　169.81 　贷：应收账款——广百公司　3 000.00	购买发票
10 月 30 日	结算货款和手续费	借：银行存款　30 900 　贷：应收账款——广百公司　30 900	收款通知

二、受托代销业务的核算

（一）受托代销业务的特点及核算流程

1. 受托代销业务的概念、特点与分类

受托代销业务是指接受他方委托代其销售商品的活动。

受托代销业务的特点，是受托方只是一个代理商，并没有取得商品所有权上的主要风险和报酬，受托代销商品不符合资产的定义。因此，代销商品应作为委托方而不是受托方的存货处理，不能确认为受托方的资产。

与委托代销相对应，受托代销业务也有两种情形：视同买断方式的受托代销和收取手续费方式的受托代销。

2. 受托代销业务的核算流程

（1）视同买断方式受托代销商品的业务流程：受托方收到受托代销商品→按自行确定的售价销售后交付代销清单→确认已销商品收入→结转受托代销商品成本。

（2）收取手续费方式受托代销商品的业务流程：受托方收到受托代销商品→按协议书委托方确定的售价销售后交付代销清单→销售所收款项确认为应付给委托方的款项→结转受托代销商品成本→支付受托代销商品款项→收取代销手续费。

（二）受托代销业务应设置的账户

为了受托代销商品的管理，受托方应设置“受托代销商品”账户和“受托代销商品款”账户进行核算。

（三）受托代销业务的核算

业务19 视同买断方式受托代销业务核算

【业务资料】

承业务18的资料。

【业务分析】

视同买断方式下，受托方按高于委托方售价的价位销售代销商品时，销售的款项确认为本企业收入，并结转已销代销商品成本。

【业务核算】

受托方广百公司具体核算见表4－22。

表4－22

日期	业务摘要	账务处理	附件名称
9月20日	收到代销商品	借：受托代销商品——巧克力 30 000 贷：受托代销商品款——顺昌公司 30 000	入库单
10月20日	确认收入	借：银行存款 39 550 贷：主营业务收入 35 000 应交税费——应交增值税（销项税额） 4 550	销售发票
10月20日	结转已销的委托代销商品成本	借：主营业务成本 30 000 贷：受托代销商品——巧克力 30 000	代销清单
10月20日	与顺昌结算货款	借：受托代销商品款——顺昌公司 30 000 应交税费——应交增值税（进项税额） 3 900 贷：银行存款 33 900	付款通知

业务20 收取手续费方式受托代销业务核算

【业务资料】

承业务19的资料。

【业务分析】

收取手续费方式下，受托方以委托方确定的价格销售代销商品时，款项不确认为本企业收入，作为应付给委托方款项处理，也不结转已销代销商品成本。

【业务核算】

受托方广百公司具体核算见表4－23。

表4－23

日期	业务摘要	账务处理	附件名称
9月20日	收到代销商品	借：受托代销商品——巧克力 30 000 贷：受托代销商品款——顺昌公司 30 000	入库单
10月20日	对外销售代销商品	借：银行存款 33 900 贷：受托代销商品——巧克力 30 000 应交税费——应交增值税（销项税额） 3 900	销售发票

续表

日期	业务摘要	账务处理	附件名称
10月20日	收到委托方开出的发票	借：应交税费——应交增值税（进项税额）　3 900 　贷：应付账款——顺昌公司　3 900	发票
10月20日	销售代销商品	借：受托代销商品款——顺昌公司　30 000 　贷：应付账款——顺昌公司　30 000	代销清单
10月30日	与顺昌结算货款及手续费	借：应付账款——顺昌公司　33 900.00 　贷：银行存款　30 900.00 　　其他业务收入　2 830.19 　　应交税费——应交增值税（销项税额）　169.81	付款通知 手续费发票

任务五
分期收款销售业务的核算

任务描述

本部分的学习任务是：熟悉分期收款销售业务涉及的账户；掌握分期收款销售收入的确认；会分期收款销售成本的计算和结转。

知识准备

一、分期收款销售的特点

分期收款销售商品是现代企业经常运用的一种促销手段。分期收款销售是指商品已经售出，货款分期收回的一种销售方式，具有商品价值较大、收款期限较长、款项收回风险较大等特点。

采用这种方式销售商品一般都事先签订购销合同，在合同中注明发货日期、分期收款期限、违约责任等。企业可按照合同约定的收款日期分期确认销售收入。

拓展阅读

根据《增值税暂行条例实施细则》的规定，增值税纳税义务发生时间，采取赊销和分期收款方式销售货物，为书面合同约定的收款日期的当天；无书面合同的或者书面合同没有约定收款日期的，为货物发出的当天。

二、分期收款销售应设置的账户

为了反映分期收款销售先发货，小企业可以增设“发出商品”账户进行会计核算，见表 4－24。

表 4－24

<table>
<tr><th>账户名称</th><th colspan="2">账户核算内容及性质</th><th colspan="2">账户结构</th></tr>
<tr><td rowspan="3">发出商品</td><td>核算内容</td><td>采用分期收款发出商品的进货原价</td><td colspan="2">发出商品</td></tr>
<tr><td>性质</td><td>资产类</td><td>分期收款结算方式发出商品时的进货原价</td><td>收回货款、结转分期收款商品销售成本</td></tr>
<tr><td>明细账</td><td>按供应单位设置</td><td>尚未到结算期的分期收款商品的成本</td><td></td></tr>
</table>

三、分期收款销售业务的核算

业务 21　分期收款销售业务核算——发出商品

【业务资料】

天天公司为一般纳税人企业，主要从事电子产品批发业务。2019 年 9 月采用分期的收款方式销售 10 台创维液晶彩电给新益公司，每台进价 4 800 元，不含税售价6 000元，合同约定一年内分三期收款，9 月 8 日发出商品。

【业务分析】

9 月 8 日商品发出时，不体现销售，待收到货款后才作销售入账，发出分期收款商品时，从“库存商品”转入“发出商品”账户。发出商品＝4 800×10＝48 000 元。

【业务核算】

会计人员根据分期收款发货单进行账务处理，见表 4－25。

表 4－25

日期	业务摘要	账务处理	附件名称
9 月 8 日	发出商品	借：发出商品——创维液晶彩电　48 000 　贷：库存商品——创维液晶彩电　48 000	发货单

业务 22　分期收款销售业务核算——收到货款

【业务资料】

承业务 21，12 月 8 日合同约定第一期收款期限已到，收到新益公司交来的列明货款 22 600 元的支票一张，开出增值税专用发票。

【业务分析】

12 月 8 日合同约定第一期收款期限已到，计算第一期销售额及增值税销项税额：

销售额 = 60 000 ÷ 3 = 20 000（元）

增值税销项税额 = 20 000 × 13% = 2 600（元）

同时计算并结转相应的销售成本：

应结转的产品销售成本 = 48 000 ÷ 3 = 16 000（元）

【业务核算】

会计人员根据增值税专用发票、进账单及计算的销售成本进行账务处理，见表 4 – 26。

表 4 – 26

日期	业务摘要	账务处理	附件名称
12 月 8 日	收到第一期分期销货款	借：银行存款　22 600 　贷：主营业务收入　20 000 　　应交税费——应交增值税（销项税额）　2 600	1. 销售发票 2. 进账单
12 月 8 日	结转产品销售成本	借：主营业务成本　16 000 　贷：发出商品——创维液晶彩电　16 000	销售成本计算单

想一想

（1）天天公司送货上门垫付了运费，应通过什么账户核算？在什么时间收回？

（2）合同约定收款期已到，新益公司没有如期付款时应如何做出账务处理？

上岗体验

资料： 天天公司采用分期的收款方式销售 20 台联想电脑给新益公司，每台进价 3 800 元，不含税售价 5 000 元，合同约定分三期收款，第一期收款 40%，后两期各收取价款的 30%。

（1）9 月 8 日，向新益公司发送 20 台联想电脑。

（2）12 月 8 日，合同约定第一期收款期限已到，收到新益公司交来的货款送存银行，开出增值税专用发票。

要求： 根据上述经济业务做相应的账务处理。

单元知识要点

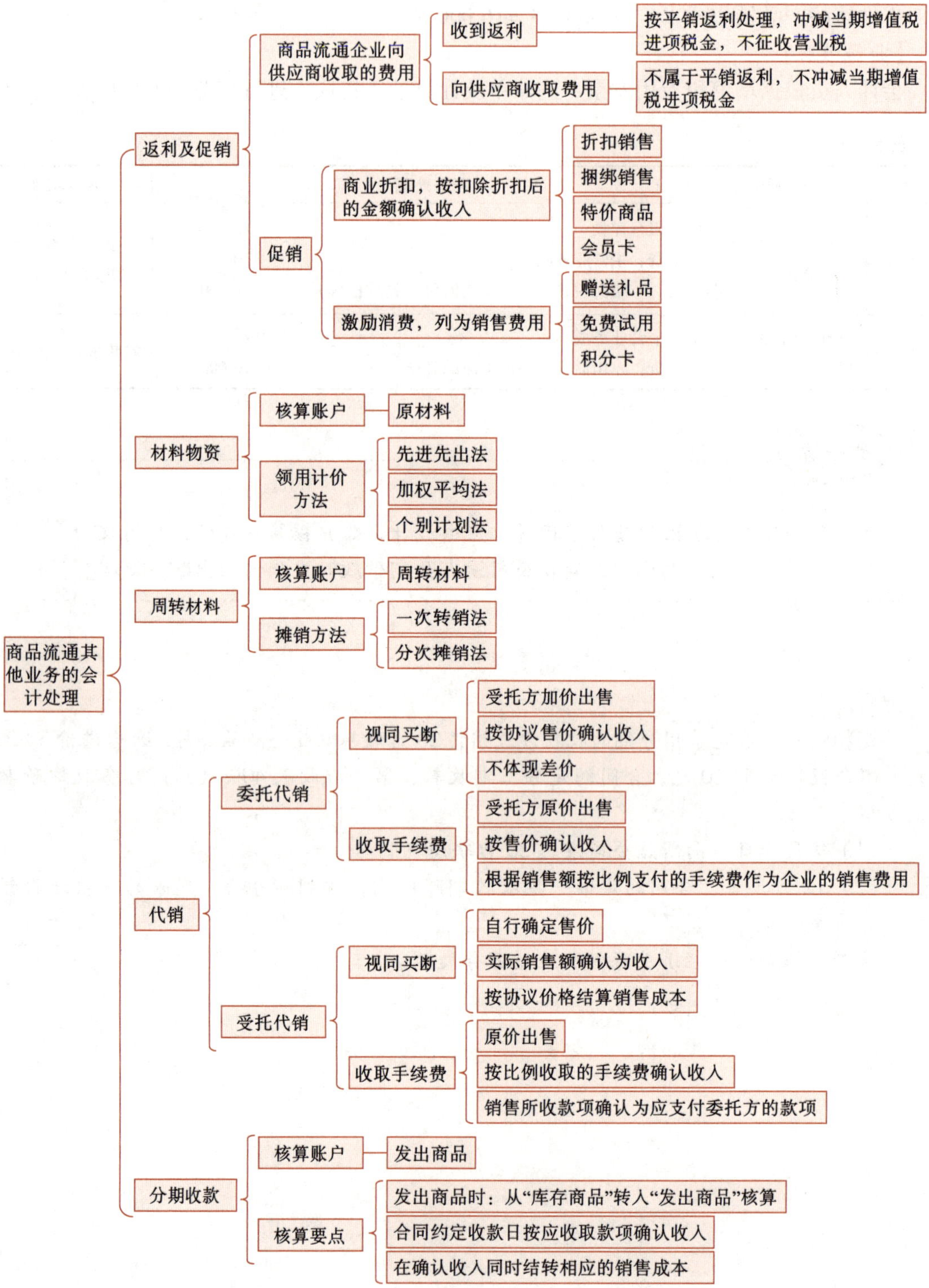
商品流通其他业务的会计处理
返利及促销
商品流通企业向供应商收取的费用
收到返利
按平销返利处理，冲减当期增值税进项税金，不征收营业税
向供应商收取费用
不属于平销返利，不冲减当期增值税进项税金
促销
商业折扣，按扣除折扣后的金额确认收入
折扣销售
捆绑销售
特价商品
会员卡
激励消费，列为销售费用
赠送礼品
免费试用
积分卡
材料物资
核算账户
原材料
领用计价方法
先进先出法
加权平均法
个别计划法
周转材料
核算账户
周转材料
摊销方法
一次转销法
分次摊销法
代销
委托代销
视同买断
受托方加价出售
按协议售价确认收入
不体现差价
收取手续费
受托方原价出售
按售价确认收入
根据销售额按比例支付的手续费作为企业的销售费用
受托代销
视同买断
自行确定售价
实际销售额确认为收入
按协议价格结算销售成本
收取手续费
原价出售
按比例收取的手续费确认收入
销售所收款项确认为应支付委托方的款项
分期收款
核算账户
发出商品
核算要点
发出商品时：从“库存商品”转入“发出商品”核算
合同约定收款日按应收取款项确认收入
在确认收入同时结转相应的销售成本

单元训练

一、单项选择题

1. 对向供货方收取的与商品销售量、销售额挂钩（如以一定比例、金额、数量计算）的各种返还收入，均应按照平销返利行为的有关规定冲减（　　）。

A. 当期增值税进项税金　　B. 当期增值税销项税金

C. 当期主营业务成本　　D. 当期管理费用

2. 企业以“买一赠一”等方式销售本企业商品的，不属于（　　），应将总的销售金额按各项商品的公允价值的比例来分摊确认各项的销售收入。

A. 捐赠　　B. 广告促销费

C. 销售成本　　D. 管理费

3. 商品流通企业核算的材料物资包括（　　）。

A. 修理用备件　　B. 包装物

C. 低值易耗品　　D. 工程物资

4. 销售多余材料物资业务应归属于（　　）。

A. 主要经营业务　　B. 其他经营业务

C. 偶然发生的业务　　D. 工程物资

5. 某流通企业的包装物采用分两次摊销，7 月 1 日领用 2 万元，10 月 31 日报废，则 10 月份应摊销的金额是（　　）。

A. 0.5 万元　　B. 1 万元

C. 1.5 万元　　D. 2 万元

6. 包装物购进时单独计价，当随同商品出售不单独计价时，应当通过（　　）账户核算。

A. “销售费用”　　B. “其他业务支出”

C. “主营业务支出”　　D. “管理费用”

7. 受托单位代销商品应收取的手续费，通过（　　）账户核算。

A. “其他业务收入”　　B. “主营业务收入”

C. “销售费用”　　D. “库存商品”

8. 收取手续费的代销方式，委托方确认收入应该在（　　）。

A. 发出商品时　　B. 商品出售时

C. 取得受托方开具的代销清单　　D. 签订合同时

9. 采用分期收款销售商品发出商品时，借记（　　）账户。

A. “发出商品”　　B. “在途物资”

C. “主营业务成本”　　D. “库存商品”

10. 采用分期收款销售商品，批发企业送货上门垫付了运费，应通过（　　）

账户核算。

A. “应付账款” B. “应收账款”

C. “预收账款” D. “预付账款”

二、多项选择题

1. 新兴的经营业态有（ ）。

A. 超级连锁市场 B. 专场店、便利店

C. 网上商店 D. 电话购物

2. 零售企业、超市的促销方式主要有（ ）。

A. 赠品促销 B. 返券销售

C. 有奖销售 D. 会员卡

3. 材料物资的核算范围不包括（ ）。

A. 修理用备件 B. 包装物

C. 低值易耗品 D. 劳保物资

4. 材料物资减少的原因主要包括（ ）。

A. 领用 B. 对外销售

C. 盘亏 D. 出租

5. 以下（ ）几种情况的收入，应通过“其他业务收入”账户核算。

A. 销售材料 B. 代购代销

C. 包装物出租 D. 销售库存产品

6. 以下（ ）属于“周转材料”核算范围。

A. 文件柜 B. 收款机

C. 汽车 D. 货架

7. 受托代销商品的核算中，若采用收取手续费的方式，则账务处理涉及的账户有（ ）。

A. “主营业务收入” B. “受托代销商品”

C. “代销商品款” D. “其他业务收入”

8. 属于资产类科目有（ ）。

A. 委托代销商品 B. 受托代销商品

C. 出租商品 D. 代销商品款

9. 下列描述分期收款销售业务内容正确的有（ ）。

A. 发出分期收款商品时通过“发出商品”账户核算

B. 在收取款项时确认当期销售收入

C. 在合同约定收款日期开出增值税专用发票

D. 在确认当期销售收入的同时计算并结转相应的销售成本

10. 分期收款销售业务可能涉及的会计账户有（ ）。

A. “库存商品” B. “发出商品”

C. “主营业务收入” D. “主营业务成本”

三、判断题

1. 赠品多属低值物品，如手帕、玻璃杯等，随商品的售出赠出，其赠品数量确定，送完即止。这种销售方式所提供的赠品的成本一般作为促销费用。（　）

2. 委托代销商品在商品发出以后，由于商品所有权已经转移作销售处理。（　）

3. 在视同买断代销方式下，受托方将代销商品销售后，按实际售价确认商品销售收入。（　）

4. 材料物资出售业务属于企业的其他业务范畴，其销售收入通过“其他业务收入”核算。（　）

5. 一次摊销法适用于领用数量少，价值较低的低值易耗品摊销。（　）

6. 随同商品出售不单独计价的包装物，随同出售的包装物的实际成本通过“销售费用”核算。（　）

7. 分期收款销售货物，发生纳税义务的时间是按合同约定的收款日期的当天。（　）

8. 分期收款销售货物，在月末进行结转相应的销售成本。（　）

四、实务题

（一）练习收取返利、促销费等业务

资料：好享购超市发生如下收取返利、促销的业务：

1. 2 日，收到供货商 B 业广告促销费 2 000 元，已收妥存入银行。

2. 超市在本月内对消费者购买某品牌巧克力一盒赠送美味牌饼干一袋促销活动。巧克力零售价 93.6 元/盒，成本 60 元/盒；饼干零售价 5.85 元/袋，成本 4 元/袋。5 日，购入该品牌巧克力 600 盒，美味牌饼干 600 袋，取得增值税专用发票，货款用银行存款付清。

3. 超市于 25—27 日举行周年大型促销活动。促销期间，凡在该商场购物满 100 元的顾客将获得 50 元购物返券，购物券只可在 30 日使用，逾期作废。

4. 25 日，实现现金销售收入 1 000 万元，当日发出购物券 800 万元。

5. 30 日，促销期满时，经统计，共发出购物券总计 1 100 万元，收回 980 万元，作废 120 万元。

6. 30 日，买一送一的巧克力 600 盒全部售出，美味牌饼干全部赠出。

7. 30 日，为 A 企业销售电器，合同约定按销售收入 2% 比例返利超市，本月共为其销售电器 20 万元，收取返利 4 000 元存入银行。

要求：进行相关账务处理。

（二）练习材料物资、周转材料及代销的核算

1. 某商品流通企业从制造公司购入修理用备件 300 个，每个 20 元，计 6 000 元，增值税额 780 元，已验收入库；办公室领用该批备件 25 个。

2. 某企业出售给南方运输公司 93#汽油 500 升，每升 7.80 元，计 3 900 元，增

值税额507元，随同汽油销售的铁桶50个，计货款250元，增值税额32.50元，货款尚未收到，该汽油进价3 000元，铁桶原价200元。

3. 销售部门报废铁皮柜5个，账面原值4 500元，该铁皮柜采用分2次摊销法，验收入库。

4. 珠江商场受托代销上海贸易公司的女式羊毛衫1 000件，每件购进价格280元，售价380元。合同规定受托方按销售额的10%收取代销手续费；15天后，上海贸易公司收到珠江商场的“代销商品清单”，开具增值税专用发票，注明羊毛衫价款380 000元，税额49 400元，5天后，珠江商场与上海贸易公司结算货款与手续费。

要求：请写出以上业务的账务处理。

（三）练习分期收款发出商品的核算

海威百货公司为增值税一般纳税人企业，从事商品零售业务，采用数量进价核算，月末集中分解销项税额。

1. 4月1日采用分期的收款方式销售冰箱5台给顾客，每台进价1 500元，零售价2 300元，合同约定在4月1日收取款项的60%，余下款项在7月1日收齐，开出电子销售发票。

2. 4月1日，海威百货公司已将冰箱送至顾客指定地点，收到顾客第一期货款已送存银行。

要求：完成相关账务处理。

参考文献

1.《小企业会计准则》，经济科学出版社 2011 年版。
2.《小企业会计准则释义》，中国财政经济出版社 2011 年版。